Birgit Theresa Koch

Hinter jedem Konflikt
steckt ein Traum,
der sich entfalten will

Birgit Theresa Koch

Hinter jedem Konflikt steckt ein Traum, der sich entfalten will

Aus der Praxis
einer Streitschlichterin

Kösel

»Wenn die Äste im Wald miteinander streiten,
freuen sich die Wurzeln.«

Afrikanisches Sprichwort

Verlagsgruppe Random House FSC-DEU-0100
Das für dieses Buch verwendete FSC-zertifizierte Papier
Munken Print liefert Arctic Paper Munkedals AB, Schweden.

2. Auflage 2009
Copyright © 2008 Kösel-Verlag, München, in der Verlagsgruppe
Random House GmbH
Umschlag: fuchs_design, Sabine Fuchs/Regina Kremer, München
Umschlagmotiv: Regina Kremer
Druck und Bindung: GGP Media GmbH Pößneck
Printed in Germany
ISBN: 978-3-466-30770-8

Weitere Informationen zu diesem Buch und unserem gesamten
lieferbaren Programm finden Sie unter

www.koesel.de

Inhalt

»Die Streitschlichterin für Sie unterwegs«

Vorwort der Autorin.................... 9

Träumen und Veränderungswünschen auf der Spur.................... 13

Der verborgene Traum in jedem Konflikt.......... 16
Der prozessorientierte Blick.................... 23
Doppelte Botschaften aus dem Reich der Wünsche und Träume.................... 30
Alles ist Wechselwirkung, Wandel und Lebendigkeit.................... 38
Eine Reise auf neuen Wegen.................... 13

In die Praxis umgesetzt:

Verbindung aufnehmen mit der Welt der Veränderungswünsche und Träume.................... 41

Der Konfliktpartner ist ein Verbündeter 43

Herzstücke: Geschichten vom Scheitern, gemeinsamen Lernen und Gelingen 48

Zerrissene Familien 53

Rosenkriege – Beziehungskonflikte 62

Den Verbündeten in der Arbeitswelt erkennen 72

»Hilfe, ich werde gemobbt« 77

Das Phänomen des Torhüters 81

Das Herz ist unser stärkster Verbündeter 83

In die Praxis umgesetzt:

In einem Menschen, der stört oder irritiert, einen Verbündeten erkennen 87

Im Leben spielen wir viele Rollen 89

Aus alten Rollen aussteigen 97

Der Sündenbock will zu viel 101

Ein guter Umgang mit Rang, Status und Privilegien 106

Menschen brauchen Anerkennung und Wertschätzung 115

Eine schwere Rolle:
Ich stehe zu mir und meiner Größe 120

Aus Vorwürfen lernen 122

In die Praxis umgesetzt:

Einen Vorwurf ernst nehmen und die eigene Rolle dabei entdecken und besser verstehen 125

Seitenwechsel: Präventive Konfliktarbeit im Alltag *127*

Eine gute Frage: Auf welcher Seite stehe ich? 132

Der Wechsel auf die eigene Seite wirkt Wunder 137

Aus der Gegnerschaft heraustreten 142

Wenn wir böse werden, ist das ein Zeichen 148

Überraschende Lösung eines zu erwartenden Konflikts 150

In die Praxis umgesetzt:

Innere Arbeit und Seitenwechsel in einem Konflikt 153

*Weisheit und Tiefe Demokratie:
eine Perspektive für unsere Familien,
Gruppen und Organisationen* 155

Weisheit in Arbeitsbeziehungen 161

Wundermittel Weisheit für Eltern und
Großeltern 166

Tiefe Demokratie – die transformierende
Kraft in Konflikten 168

Tiefe Demokratie im ganz normalen Leben 173

Konfliktarbeit ist Friedensarbeit – sie fängt
bei der eigenen Person an 179

In die Praxis umgesetzt:

Weisheit und Tiefe Demokratie üben............................. 184

Literaturhinweise... 187

Adressen und weiterführende Informationen 190

»Die Streitschlichterin für Sie unterwegs«

Vorwort der Autorin

Vor zwei Jahren hatte ich eine verrückte Idee, die sich so beglückend an mich geheftet hat, dass ich sie einfach ernst nehmen musste. Ich sah mich als Streitschlichterin mit einem Wohnmobil durch Deutschland reisen und vor Ort mit Menschen an ihren Konflikten in Familie, Beruf und Nachbarschaft arbeiten. Es dauerte mehrere Monate, bis ich mir die Erlaubnis gab, die Unsicherheit und das Risiko auf mich zu nehmen, meine Arbeit zu Hause zu reduzieren, und eine Art des Reisens und Arbeitens als fahrende Psychologin und Beraterin auszuprobieren, wie ich sie noch nicht kannte. Mit welchen Menschen und Situationen würde ich konfrontiert werden? Welche neuen Erfahrungen könnte ich machen? Würden mich die Leute wieder nach Hause schicken? Es gab viele Fragen und ich fuhr los mit meinem Motto dick auf die Rückseite des Wohnmobils geschrieben: *Hinter jedem Konflikt steckt ein Traum, der sich entfalten will.*

Ich hatte die Vision, mit diesem besonderen Angebot Menschen zu erreichen, die mich in einem normalen Beratungssetting nie angesprochen hätten. Menschen haben in der Regel Angst, Konflikte anzusprechen oder zuzugeben. Sie glauben nicht an die Veränderlichkeit von Gefühlen und Einstellungen und können die Wut und den Schmerz nicht aushalten. Konfliktarbeit ist immer ein Risiko für die Betroffenen. Es ist meist Neuland, das betreten wird. Mit dieser Reise wollte ich mich auf meine Weise am Risiko beteiligen und mich auf einen Weg begeben, den auch ich noch nicht kannte.

Schon nach einem meiner ersten Vorträge in einem kleinen Café bekam ich einen ungewöhnlichen Auftrag, der meine Gedanken bestätigte: Ein älterer Mann aus einer kleinen Gemeinde rief mich an, ob ich nicht mit einer jungen Frau arbeiten könnte, die öffentlich gemobbt würde. Er könne das nicht länger mit ansehen und wollte ihr mehrere Sitzungen mit mir schenken. Kurz darauf nahm ich Kontakt zu ihr auf und es kam zu einem Konfliktcoaching mit der jungen Frau. Meine Arbeit profitierte also von einem ungewöhnlichen und flexiblen Rahmen.

Als professionelles Gepäck hatte ich meine jahrelange Erfahrung als Systemische Therapeutin dabei und meine Begeisterung für die Prozess- und Weltarbeit nach Arnold Mindell, wie ich sie in zwei längeren Aufenthalten in den USA, in vielen Processwork- und Worldwork-Seminaren dort und einer Weiterbildung bei Max Schupbach (»Prozessorientiertes Change Management und Prozessorientiertes Führen« 2005/06 in Berlin) erleben und lernen durfte. Durch die Prozessarbeit und ihre Grundannahmen kann ich heute das Entwicklungspotential in jedem Konflikt und die damit verbundenen Veränderungswünsche und Träume viel schneller und deutlicher erkennen und meine Klienten und Gruppen begleiten, sie anzuschauen und zu entfalten. Prozessorientierte Philosophie und Veränderungsarbeit ließ sich nahtlos in meine systemisch geprägte Vorgehensweise integrieren, in der jede Kommunikation und jeder Konflikt als Wechselwirkungsgeschehen zwischen zwei oder mehr Menschen und ihrer Umwelt angesehen wird. Wenn nur ein Mensch sich selbst und seine Haltung verändern kann, hat dies einen Einfluss auf seine Beziehungen und die Reaktion der anderen.

Viele therapeutische Richtungen sehen in Krisen, Konflikten und Krankheiten *die* Chance für Entwicklung. Das ist nicht neu. Doch die Mindellsche Betrachtungsweise, die fundiertes therapeutisches Wissen mit den Weisheiten der Schamanen indigener Völker und der Philosophie des Tao verbindet, berührte mich persönlich zutiefst und beantwortete mir viele offene Fragen, als ich im Sommer 2000 die ersten Bücher von Arnold Mindell entdeckte. Insbesondere das Prinzip der »Tiefen Demokratie«, das diese Arbeit durchdringt, hat mich sehr beeindruckt. Es hilft Menschen, sich auch jene Seiten anzuschauen, die sie an sich selbst und anderen nicht mögen oder ablehnen, und eine Haltungsänderung vorzunehmen, die in einem Konflikt oder einer zwischenmenschlichen Krise alles zum Guten hin verändern kann.

Ohne prozessorientiertes Wahrnehmen und Wissen hätte ich mir Konfliktarbeit, wie ich sie heute mache, nicht vorstellen können.

Für die vielen prozessorientierten Einsichten, Inspirationen, Methoden und Übungen, die meine systemische Denk- und Arbeitsweise so nachhaltig bereichert haben, möchte ich mich besonders bei Arnold

Mindell und seiner Frau Amy sowie bei Max Schupbach und seiner Frau Ellen bedanken, aber auch bei den vielen Prozessorientierten Psychologen, die ich im Processwork Institute in Portland, USA und in den Seminaren in Newport und Yachats kennengelernt habe. Sie haben mich gelehrt, dass Konfliktarbeit Gesundheitsarbeit und Friedensarbeit gleichermaßen sein kann, und mich darin bestärkt, im Leben wie auch in meiner Arbeit meinem Herzen und meiner Intuition zu folgen.

Bedanken will ich mich ganz besonders bei allen Menschen, die das Projekt der mobilen Streitschlichterin von Anfang an unterstützt haben: bei meinen Eltern Irmgard und Jakob Koch, bei Ludger Kleffken, der sich um das Logo und die Gestaltung des Wohnmobils kümmerte, und bei Gisela Gustavus und Beppo Theis-Gustavus, die mich auf dem ersten Reiseabschnitt so herzlich empfangen haben und auch jetzt noch jederzeit für mich da sind.

Für wichtige Anregungen und Gespräche danke ich ganz herzlich Eske Bockelmann, Michaela Koch, Marion Loh und Claudia Richarz. Sie waren die ersten Leser und Leserinnen meines Manuskripts. Ein Dank geht auch an Bill Jordan für seine großzügige Übersetzungshilfe.

Dieser Text wäre nicht entstanden ohne die Menschen, die mir ihr Vertrauen geschenkt haben und die ich auf ihrem Veränderungsweg ein Stück begleiten durfte. Jede Geschichte war immer auch ein Lernstück für mich. Ein großes Dankeschön dafür.

Träumen und Veränderungswünschen auf der Spur

Konflikte tun weh, sie kratzen das Selbstbewusstsein an, machen hilflos, wütend, auf Dauer krank. Viele Menschen schleppen sich häufig über Jahre mit einem bestimmten Konflikt und ewiggleichen zwischenmenschlichen Problemen herum. Familienmitglieder werden nicht mehr besucht, Kollegen und Arbeitsplätze werden abgelehnt, Partner werden abgrundtief gehasst, den Nachbarn würde man am liebsten den Garaus machen. Menschen mit dauerhaften Konflikten am Arbeitsplatz werden krank, haben Unfälle, damit sie endlich nicht mehr dorthin müssen.

Im Grunde genommen glauben viele Menschen in einem schwierigen Konflikt nicht an Veränderung, weil sie nicht glauben, dass der oder die andere sich verändern kann. Denn dass dies die wichtigste Bedingung für eine Lösung sei, davon sind viele in einem Konflikt überzeugt. Es muss doch die andere sein, die dies oder jenes tun oder unterlassen soll. Es sollte doch der andere endlich etwas einsehen oder klein beigeben, damit sie endlich verzeihen und in Ruhe schlafen und sich auch mal wieder freuen können.

Manche ahnen, dass mit der beliebten Projektion der Schuld auf die Konfliktpartnerin und den Gegner etwas nicht stimmt. Das macht es aber noch schlimmer. Diese Menschen spüren, dass die anderen ihnen nicht

Recht geben können. Sie fürchten die Schuld, die ihnen selbst zugewiesen werden könnte, und verzichten lieber auf Unterstützung und Hilfe von außen. Denn es ist ein verbreitetes Missverständnis, dass es in einem Konflikt einen Schuldigen geben müsse, der schon böse war, bevor es zur Auseinandersetzung kam, dessen Vergehen man aufzählen könne, während die eigenen Vergehen nur eine Reaktion darauf sind und deswegen keine eigentlichen Vergehen und so weiter. Es entsteht ein Muster im Verhalten und im Denken, das von beiden Konfliktpartnern nicht mehr aufgegeben werden kann – eine richtige Sucht, den anderen zu beobachten, zu bewerten, den Grund für einen Streit im anderen zu suchen und hoffentlich zu finden. Wir denken in heißen Auseinandersetzungen zu oft nur noch oder viel zu viel an unsere Gegner. Und wie bei allen Süchten stellen sich die Erlösung und das Glück nicht ein: weil die Lösung an der falschen Stelle und mit einer wenig hilfreichen Denkmethode gesucht wird.

Wir sind geübt darin, nach eindeutigen Ursachen und Wirkungen dieser Ursachen zu suchen. Ich bin unfreundlich, weil er mich nicht gegrüßt hat. Ich bin böse, weil sie sich schlecht benommen hat. Dieses lineare oder kausale Denken, dass sich in vielen und vor allem in wissenschaftlichen Bereichen bewährt hat, ist in zwischenmenschlichen Auseinandersetzungen wenig hilfreich, weil es die verborgenen und widersprüchlichen Zusammenhänge in der menschlichen Kommunikation nicht berücksichtigt. Wir drehen nicht enden wollende Interaktions- oder

Wenn wir nur nach dem offensichtlichen Grund oder der Schuld in einem Konflikt fragen, bleibt der Schatz verborgen.

Kommunikationsschleifen, wenn wir nur nach dem Grund oder der Schuld in einer Auseinandersetzung oder einem Konflikt fragen. Es entsteht ein Muster gegenseitiger Schuldzuweisungn und Vorwurfshaltungen, aus dem wir nicht mehr ausbrechen können. Es gibt Menschen, die jahrelang in einem solchen Konfliktmuster verharren. Andere brechen Beziehungen frühzeitig ab oder beenden eine Zusammenarbeit, bevor der Schatz, der in einem Konflikt oft tief verborgen ist, gehoben wird.

Der verborgene Traum in jedem Konflikt

Früher dachte ich selbst auch, es sei hilfreich zu lernen, erst gar nicht in einen Konflikt zu geraten beziehungsweise ihn zu vermeiden. Heute denke ich anders darüber, weil ich im eigenen Leben und auch als Therapeutin die Erfahrung gemacht habe, wie hilfreich Konflikte sein können, um die eigenen noch unbewussten Träume und Entwicklungswünsche kennenzulernen und ernstzunehmen. Ist dieser Schatz aus dem Traumreich, den noch nicht bekannten Landschaften unserer Seele und der Seele unserer Gemeinschaften geborgen, dann kann sich die innere Haltung in einer Auseinandersetzung verwandeln, das schmerzhafte und trennende Konfliktmuster kann aufgegeben werden und ein neues Miteinander entsteht.

Interessant ist, dass Kinder ihre Beziehungen natürlicherweise so organisieren: Erst wenn sie einen Konflikt oder einen Streit gemeinsam überwunden haben, werden sie dicke Freunde. Kinder spüren eine Wahrheit, die auch für Erwachsene stimmt: Eine Auseinandersetzung schafft die Möglichkeit, den anderen kennenzulernen wie auch die eigenen Interessen genauer zu bestimmen und herauszufinden, ob es ein gemeinsames Wir geben kann. Die Weisheit in einem Kinderstreit fragt: Wie können wir Freundschaft und Lust auf gemeinsames Spiel und Zusammenarbeit entwickeln, auch wenn ich anders bin als du?

Diese Frage wird indirekt auch in jedem Erwachsenenkonflikt gestellt. Wer bist du? Ich möchte dich und mich besser kennenlernen und wissen, ob du auch zu mir halten kannst, wenn ich so bin, wie ich bin, und anders denke als du. Ein Konflikt ist immer auch ein Beziehungsangebot, hinter dem ein großer Wunsch nach Gemeinschaft steht.

Hinter allen Konflikten und zwischenmenschlichen Krisen stecken Träume und tiefe Wünsche, die sich in die Wirklichkeit entfalten wollen. Wenn wir lernen, diese Träume und Entwicklungstendenzen im Hintergrund zu entdecken, dann werden Konflikte zu Wegweisern in einem gemeinsamen und notwendigen Prozess, den Einzelne, Gruppen und Organisationen brauchen.

Alles das, was schon da ist an Empfindungen, Wünschen und Tendenzen und nach einem Ausdruck sucht, gehört zu diesen Träumen. Manche dieser Träume haben es leicht und sie scheinen mit den dazugehörenden Empfindungen und Gefühlen auf wie von selbst und wir sind froh, sie zu entdecken und in unser Leben zu integrieren. Andere wiederum haben es schwer, sie halten unseren Bewertungen und Glaubenssystemen nicht stand, sie werden unterdrückt und im Traumreich festgehalten. In einem Konflikt oder einer Krise wirkt ihre verborgene Kraft und drängt darauf, dass wir sie kennenlernen, ernst nehmen und ihr eine Chance geben, unser Leben zu bereichern.

Oftmals verstecken diese tiefsten Wünsche und Träume sich noch hinter Verhaltensweisen und Gefühlen, die wir selbst und andere ablehnen, und produzieren deswegen Zusammenstöße mit unseren Mitmenschen. Geiz, Neid oder Eifersucht können solche

Gefühle sein. Sie bekommen keine Zustimmung, tragen aber in ihrer Essenz eine wichtige Botschaft und erzählen von einem wichtigen Wunsch, der gehört werden will.

Nehmen wir den Geiz. Wir denken, ein Geizkragen, der viel Geld hat beispielsweise, sollte doch besser großzügig sein. Vielleicht denkt auch der Geizkragen das und hat ein Problem mit anderen und zusätzlich mit sich selbst. Hinter dem Geiz könnte sich der tiefe Wunsch verstecken, glücklich zu sein über das Geschenk des Reichtums. Was aber sein kann: Der Geizkragen erlaubt sich das noch nicht. Er kann sich nicht wirklich freuen, er hat Angst, sein Geld wieder zu verlieren oder dass die anderen es ihm neiden könnten. In einem Konflikt könnte der Geizkragen mit seinen Wünschen in Kontakt kommen und auch seine Gegner könnten sich mit ihren eigenen Träumen und Wünschen, reich zu sein und beschenkt zu werden, auseinandersetzen. Kritiker und Geizkragen teilen vielleicht eine gemeinsame Grenze, die sie haben, ihren Wunsch nach Reichtum anzuerkennen oder sich über die Geschenke des Lebens zu freuen und sie anzunehmen.

> *Konflikte sind die Boten einer Grenze, die es Menschen noch nicht erlaubt, den nächsten Schritt zu gehen und ihre tieferen Bedürfnisse und Wünsche zu leben. Dies gilt für Einzelne wie auch für Gruppen. Der Konflikt an der Grenze verbindet einen tiefen Veränderungswunsch mit dem nächsten Entwicklungsschritt. Der Wunsch zu diesem nächsten Schritt kann schon da sein, aber noch nicht die bewusste Erlaubnis, die wir oder andere uns dazu geben.*

Fallbeispiel

Hier ein kleines Beispiel: Eine Frau, ich nenne sie Anna, hat immer wieder Probleme mit Menschen, die laut sind und angeberisch ihre Vorzüge kundtun. Mit der Kollegin, die im gleichen Büro sitzt, ist es bereits zum Eklat gekommen. Überall drängt sich diese vor, erzählt, was sie alles kann und getan hat, selbst Gemeinschaftsproduktionen gibt sie als die eigenen aus. Verständlicherweise ist Anna genervt und boykottiert jede Zusammenarbeit, bei der die andere die Lorbeeren einstreichen könnte. Wovon träumt Anna oder wovon träumen beide? Wahrscheinlich – und das können wir in einem Coaching mit Anna herausfinden – geht es darum, sich selbst und die eigenen Qualitäten, die eigene Power deutlicher zu zeigen: »Hier bin ich und das kann ich, schaut her!« Nicht angeberisch, sondern bewusst und der jeweiligen Situation angemessen. Vielleicht steckt auch noch ein größerer Wunsch dahinter: z.B. eine besondere Position im Unternehmen einzunehmen. Anna aber hat noch eine Grenze, dies offen zuzugeben und erste Schritte in diese Richtung zu gehen. Eine innere Stimme hält sie zurück: »Du sollst dich nicht hervortun! Du bist nicht gut genug. Die anderen werden dich nie akzeptieren.« Mit einer vergleichbaren inneren Stimme schlägt sich wahrscheinlich auch die Kollegin herum, auch diese glaubt nicht, dass ihre eigenen Arbeiten genügen.

Beide streiten miteinander, während sie davon träumen, mehr gesehen zu werden, mehr Wertschätzung und Anerkennung für ihre besonderen Fähigkeiten und Leistungen zu erhalten. In beiden will etwas Neues entstehen, eine neue Qualität des Sichzeigens. Dazu gehört auch das Bezirzen der eigenen inneren Stimmen, auch diese müssen diese neue Kraft bejahen. Jeder Konflikt trägt das Potential in sich, genau dies zu fördern: in erster Linie Ja zu sich selbst zu sagen und sich auf die eigene Seite zu stellen. Sehr wahrscheinlich sind die beiden Kolleginnen in ihrem Streit mit vielen anderen Frauen verbunden, die in ihren Büros und ihren Teams dafür kämpfen, dass ihre Kraft und ihre Potenz mehr gesehen und geschätzt werden.

Alte Identitäten und Glaubenssysteme müssen bei wichtigen Veränderungen aufgegeben und neue Wege gebahnt werden. Ist dieser Schritt so einfach nicht möglich, der Traum im Hintergrund aber sehr stark, dann reiben wir uns – mit Teilen in uns selbst oder mit den Menschen um uns herum. Ich habe die Erfahrung gemacht, dass Menschen, die ihre tiefsten Träume im Hintergrund einer zwischenmenschlichen Auseinandersetzung kennenlernen und Ja dazu sagen, manchmal schon in nur einer Beratung ihre Haltung gegenüber den Konfliktpartnern verändern können. Der Schlagbaum an der Grenze geht hoch und öffnet die Passage. Dann geht es nicht mehr darum, wie ich meine Kollegin ändere oder sie loswerde, sondern: Wie kann ich mich selbst entwickeln und welche Fragen und Komplexe muss ich mir anschauen, damit dieser Prozess gelingen kann? Gibt es ungelöste Themen in meiner Familiengeschichte, wie bin ich aufgewachsen, dass es mir als Mann oder als Frau schwer fällt, mich zu zeigen? Welche Strategien könnten helfen, diese Fähigkeit mehr zu entwickeln? Welche Verantwortung trage ich mir selbst gegenüber, damit ich gut in dieser Welt stehen kann?

Dafür ist es ratsam, auch im Denken eine Grenze zu überschreiten und unser Bild von der Wirklichkeit neu zusammenzusetzen. Es reicht nicht, wenn wir uns nur auf die Welt der sichtbaren Ereignisse konzentrieren: Dies ist ein Baum, dies ein Mann und dies ein Satz mit diesen bestimmten Worten. Diese Ebene der vernünftigen Gedanken und Strategien alleine bringt uns nicht weiter, wenn wir Probleme haben und miteinander kämpfen. Viel interessanter ist es, sich auch die

Ebene anzuschauen, wo unsere geheimen Wünsche und die unserer Umgebung verborgen sind.

Dieser Raum, in dem unsere tiefsten persönlichen und kollektiven Veränderungswünsche und Träume unter der Oberfläche der uns bekannten sichtbaren und wahrnehmbaren Wirklichkeit verborgen liegen, kann mehrere Namen haben. In der Systemtheorie wird er die Ebene der Selbstorganisation genannt, wo alles immer wieder neu und auch ohne unser bewusstes Zutun einer gewissen Stabilität und Ordnung entgegenstrebt. Emergenzebene (von *emergere*: auftauchen, hervorkommen, sich zeigen) heißt er in feldtheoretischen Konzepten, die Traumebene in der Prozessarbeit. Auf dieser Ebene finden wir alles, was auch noch da ist und sich zu bestimmten Zeiten an die sicht- und wahrnehmbare Oberfläche buddelt und durch das häufig unbewusste Zusammenspiel unendlich vieler Faktoren – individuell, gemeinschaftlich und global – zustande kommt.

Für die Schamanen ist auch die beobachtbare Wirklichkeit ein Traum, aus dem eine neue Zukunft erwächst, nur eine von vielen parallelen Welten, so real und wirklich, weil sie wirkt, wie das träumende und noch nicht sichtbare Feld und seine Einflüsse um uns herum. Und was bedeutsam ist: Wir alle sind miteinander verbunden in diesen Traumwelten, von der unsere Wirklichkeit nur eine ist. Alles hängt zusammen und voneinander ab. Das heißt, dass nie ein Einzelner alleine verantwortlich für einen Konflikt ist und die »Schuld« alleine trägt, weil er sich schlecht benommen hat oder was auch immer der Vorwurf ist. Natürlich müssen wir Menschen stoppen, beispielsweise wenn sie gewalttätig werden. Und dennoch: Wenn zwei Menschen einen Konflikt haben, dann träumen beide und das manchmal stellvertretend für andere in der gleichen Gruppe, Organisation oder Familie.

Häufig gibt es im Hintergrund einen Traum oder Veränderungswunsch, der zur ganzen Gruppe oder Gemeinschaft gehört. Oder es kommt an mehreren Stellen, in anderen Familien, in anderen Organisationen zu ähnlichen Konflikten, dann träumen viele an vielen Stellen einen ähnlichen Traum. In Deutschland und in der westlichen Welt dürfte die 68er Bewegung ein solches Phänomen gewesen sein. Was in Familien, Betrieben, Schulen und Universitäten und vielen anderen Stellen als individuell erlebter Konflikt zwischen den Generationen begann, entwickelte sich zu einer Bewegung mit einer großen gesellschaftsverändernden Kraft.

Der prozessorientierte Blick

Um die Botschaften aus der Traumwelt, aus dem Reich unserer Herzenswünsche zu entschlüsseln, brauchen wir einen neuen Blick auf unsere zwischenmenschlichen Auseinandersetzungen. Die Prozessorientierte Psychologie und Philosophie, wie sie der Physiker und Jungsche Psychoanalytiker Arnold Mindell in der Prozessarbeit in den 80er-Jahren in der Schweiz und später in Portland, USA entwickelt hat, ist für mich beispielhaft und wie keine andere hilfreich, um uns die hinter Konflikten verborgenen Träume und Entwicklungswünsche bewusst zu machen. Mindell hat eine Methodik und Beschreibungsweise entwickelt, die meine eigenen Erfahrungen und Überzeugungen aufs Beste zusammenfasst und sowohl auf Einzelne wie auf große Gruppen und Organisationen erfolgreich angewendet werden kann. Prozessorientierte Veränderungsarbeit wird getragen von einem spirituellen Geist, der vor allem schamanische und asiatische Weisheiten mit moderner Psychologie und Sozialwissenschaft verbindet. Die politische Dimension, die die Kultur, ihre Zeitgeister und den Rang von Einzelnen wie auch von Gruppen berücksichtigt, macht sie zur Welt- und Friedensarbeit.

> Hinter allen Empfindungen und Gefühlen, die wir an uns oder anderen ablehnen, steckt eine verborgene Botschaft.

Eine prozessorientierte Sichtweise nimmt alle Empfindungen, alle Gefühle, alle Zustände, auch die, die wir oder die Gemeinschaft, in der wir leben, nicht leiden mögen, erst einmal als bedeutsam an und weiß, dass sie sich ausdrücken wollen oder sogar müssen. Das heißt nicht, dass wir Gewalt und Missbrauch auf einmal gutheißen sollen. Es bedeutet, dass wir bereit sein sollten, uns auch die schlimmsten Ausbrüche menschlichen Verhaltens und deren verborgene Botschaft anzuschauen. So haben wir eine größere Chance, sie zu verwandeln und Veränderungsprozesse anzustoßen.

Die Wurzel dieses Denkens liegt im Taoismus, einer Jahrtausende alten östlichen Philosophie. Aus dem Chinesischen übersetzt heißt Tao oder *dào* Weg und meint den Geist, der alles Leben durchdringt. Aus dem Zusammenspiel der Gegensätze ergibt sich Wandel, Bewegung und letztendlich die Welt.

»Dieser (der Taoismus) nimmt an, dass in der Art, wie sich die Dinge entfalten, die Grundelemente enthalten sind, die notwendig sind zur Lösung menschlicher Probleme«, schreibt Arnold Mindell in *Mitten im Feuer*. Auch wenn ein Konflikt zwischen zwei Menschen oder in einer Organisation noch so unvernünftig erscheint und das Verhalten der involvierten Personen als geradezu widersinnig beurteilt wird, dann ist genau dies das Bedeutsame, die Bewegung, die sich natürlicherweise im Prozess ergibt. Wenn wir uns die Essenz dessen, was gerade geschieht, bewusst machen, dann begreifen wir den verborgenen Traum oder den Weg, den etwas nehmen will, und können uns selbst oder anderen Menschen helfen, sich zu verändern. Die Psychologie Mindells legt nahe: In unserem Leben und auch mit unseren Konflikten folgen wir dem Tao, dem natürlichen Fluss der Ereignisse, »dem Weg, auf dem sich alles bewegt«, auch wenn wir das, was gerade in einer schmerzhaften Auseinandersetzung passiert, noch nicht als zugehörig zu uns oder vielleicht sogar als überflüssig erleben. Wenn wir dem natürlichen Fluss und seinen Biegungen und Umwegen bewusst folgen, sind wir auf dem besten und schnellsten Weg zu einem reichen und glücklicheren Miteinander.

Dem natürlichen Fluss folgen kann heißen, uns in einem Moment gegen einen Menschen zur Wehr zu setzen, im nächsten Moment eine Einsicht zu haben und ihm aufzuhelfen, hinter der darauf folgenden Stromschnelle oder Schleife ein gemeinsames Ziel zu sehen und es zu verfolgen und so weiter. Ungewollte Empfindungen werden nicht unterdrückt oder durch Kommunikationsregeln (wie etwa leise sein, Ich-Botschaften aussenden, freundlich bleiben) aufgelöst, sondern wenn nötig sogar verstärkt, damit die verborgene Botschaft oder der Traum, von dem sie erzählen, verstanden werden kann.

> *Prozessorientierte Fragen sind: Was ist gut an der Krise, wozu braucht es den Konflikt?*
> *Welche Entwicklungswünsche werden befördert?*
> *Was ist die Essenz eines störenden Verhaltens jenseits einseitiger Polarisierung oder Gegnerschaft?*
> *Wir geben auch den unerwünschten Geschehnissen und Verhaltensweisen einen Raum. Wenn wir unsere Impulse und Gefühle ablehnen und vorschnell ersetzen, schicken wir sie zurück ins Traumreich, wo sie sich neue Wege bahnen müssen.*

»Wenn wir Feindseligkeiten kein rechtmäßiges Ventil gewähren, sind sie dazu verurteilt, unrechtmäßige Wege zu gehen«, diese Ansicht Mindells kann ich nur teilen. Menschen können, wenn sie in ihrem Schmerz, ihrem Leiden oder in ihrer Wut nicht gehört werden, so böse werden, dass sie zu gewalttätigen Mitteln greifen. So manch ungelöster Konflikt wird in der kommenden Generation wieder aufgegriffen.

Vieles von dem, was sich in uns und unseren Gemeinschaften entwickelt, die tatsächliche Motivation für einen Konflikt oder eine zwischenmenschliche Auseinandersetzung, ist uns selten bewusst zugänglich. Schon der Psychoanalytiker C.G. Jung bemerkte, dass dieser uns unbewusste Raum, der das persönliche und kollektive Unbewusste umfasst, einen weit größeren Einfluss auf das, was wird und wirkt, geltend macht, als wir annehmen, wiewohl wir auch nie in der Lage wären, diesen Raum lückenlos kennenzulernen. Unseren bewussten Zielen, Wünschen und Planungen bleibt häufig nur ein kleiner Rest an Einfluss.

Arnold Mindell geht über die Unterscheidung von bewusst und unbewusst hinaus und führt unsere persönliche Identität oder die Identität der Gruppe, zu der wir gehören, als bedeutsame Unterscheidung ein. Das macht eine Haltung möglich, die sehr viel stärker den Kontext, die Kultur, die Zeit und den Ort, in denen Menschen aufwachsen, leben, arbeiten und agieren, berücksichtigt. Dieser Fokus fördert Menschlichkeit und Verständnis auch im schwierigsten Konfliktgeschehen oder in Situationen, in denen wir mit Verhaltensweisen von Menschen konfrontiert sind, die wir zutiefst ablehnen. Wir fragen nach der Grenze, die Menschen noch haben und ohne die sie sich anders verhalten könnten, als sie es gerade tun – eine Frage, die nicht gleich nach Schuld und Verurteilung ruft.

Erst einmal ist alles Verhalten, Denken und Werden eingewoben in ein natürliches und sich ständig veränderndes Prozessgeschehen. Es gibt Prozesse, mit denen wir uns als Einzelpersonen oder als Gruppe identifizieren, und es gibt Verhaltensweisen, Gesten, Gefühle, Ereignisse, mit denen wir uns nicht identifizieren. Dazwischen gibt es die Grenze, die wir uns in der Veränderungsarbeit oder in der Konfliktarbeit genauer anschauen und passierbar machen. Mindell unterscheidet primäre und sekundäre Prozesse. Zum primären Prozess gehören alle Empfindungen, Ansichten, Verhaltensweisen und Geschehnisse, mit denen wir uns einzeln oder in einer Gruppe identifizieren: So sind wir, so denken wir, so handeln wir. Der primäre Prozess beispielsweise einer Gruppe sorgt für Zusammenhalt und Zugehörigkeit ihrer Mitglieder und wird stabilisiert durch die Zeitgeister einer jeweiligen Kultur.

Alte Identitäten und Grundsätze müssen hinterfragt werden, wenn wir unsere Träume entfalten und uns verändern wollen.

Wollen Einzelne oder Gruppen sich verändern, was übrigens ohne ihr bewusstes Wissen und Trachten ständig passiert, müssen sie in der Regel über die Grenze ihrer primären Identität hinausgehen. Da dies selten leicht möglich ist, sorgt ein noch verdeckter oder als nicht zugehörig erlebter sekundärer Prozess für den notwendigen Ausdruck der verborgenen Veränderungswünsche.

Zum sekundären Prozess gehören alle Verhaltensweisen, Ansichten und verdeckten Signale, mit denen wir als Gruppe oder einzeln lieber nichts zu tun haben wollen: So bin ich nicht, so denke ich nicht, das würde ich nie tun. In der Regel unterdrücken wir diese oder finden heimliche Orte für ihren Ausdruck, wenn wir die Grenze noch nicht bewusst passieren können. Sie sind die Boten der Traumwelt, die sich einen Weg in unsere Wirklichkeit bahnen will. Alte Identitäten, Stimmen und Grundsätze versperren noch den Weg und hindern uns, den verborgenen Traum zu entfalten. Ist dieser sehr stark und wichtig, übernehmen unsere unbeabsichtigten Signale – in der Prozessarbeit werden sie auch Doppelsignale genannt, weil sie sich hinter unseren beabsichtigten Sätzen und Verhaltensweisen verbergen – ohne unser bewusstes Zutun die Gestaltung unserer Beziehungen und wir wundern uns über die Konflikte, die sie klammheimlich entfachen.

Konflikte sind im Grunde genommen Zufluchtsorte wie auch Kampfplätze für unsere tiefsten Veränderungswünsche, die sich ihren Weg an die Oberfläche bahnen. Prozessorientierte Veränderungsarbeit widmet sich besonders diesen verborgenen und verbotenen Boten, sie verstärkt oder vergrößert sie sogar, um ihre Nachricht zu entschlüsseln. Das ist erst einmal ungewöhnlich. Sollte eine Wut oder eine Aggression nicht besser dauerhaft unterdrückt bleiben, damit wir in Frieden zusammen leben können? Warum sich die Schattenseiten anschauen und all den Mist und Müll, den wir dabei entdecken könnten? Sollten wir nicht besser alle schnell liebevoller kommunizieren und entsprechende Regeln lernen? Leider reicht das in vielen Konfliktsituationen nicht, weil die Menschen ja nicht absichtlich oder aus Dummheit da hineingeraten, auch wenn es manchmal so aussehen mag. Es gibt hinter al-

Kommunikationsregeln reichen nicht aus, um Konflikte zu verstehen und sie zu lösen.

len konflikttächtigen Gefühlen und Verhaltensweisen wie z.B. Ärger, Wut, Neid usw. eine tiefere Motivation, die genau diese Empfindungen hervorruft. Wenn wir unsere Empfindungen bloß wegdrücken, dann drücken sie sich selbst in der Folge ohne unser aktives Zutun aus. Wir sagen beispielsweise »Ja, gerne« zu Menschen und schütteln dabei mit dem Kopf, wir sagen etwas Liebevolles zu einer anderen Person und wenden uns gleichzeitig ab. Wenn wir Konflikte haben, dann gibt es einen hintergründigen Prozess in uns, in beiden Konfliktpartnern und vielleicht sogar in der ganzen Gruppe. Es lohnt sich, den in diesen Prozess eingewobenen Traum kennenzulernen und ihm eine Berechtigung zu geben. Gewalt, Missbrauch und andere Menschen verletzende Verhaltensweisen können auf diese Weise umgangen werden.

Doppelte Botschaften aus dem Reich der Wünsche und Träume

Stellen Sie sich vor, in Ihrem Leben besteht eine langjährige Freundschaft, in der sich bestimmte Regeln eingeschlichen haben. Zum Beispiel sprechen Sie es lieber nicht an, wenn Ihnen etwas nicht passt, oder Sie finden Ausreden, wenn Sie keine Lust haben, sich zu treffen. Sie denken, die andere Person ist zu empfindlich für die Wahrheit. Eines Tages senden Sie eine SMS an einen Bekannten und beklagen sich über Ihre Freundin. Die SMS aber landet aus Versehen auf deren Handy. Nun haben Sie wahrscheinlich ein Problem und bald einen dicken Konflikt. Die Geschichte ist in ähnlicher Form tatsächlich passiert und das war gut so. Die beiden Freundinnen kämpften ordentlich miteinander, wollten sich erst nie mehr sehen und sind heute dickere Freundinnen als vorher. Trennendes darf jetzt ausgesprochen werden.

Die falsch gelandete SMS war ein unbeabsichtigtes und dennoch sehr wirkungsvolles Signal, ehrlicher als alle Worte und bewussten Überlegungen. Der Traum im Hintergrund dieses Geschehens wollte, dass die eigenen Interessen und Bedürfnisse mehr in die Freundschaft eingebracht werden. Der verdeckte Prozess kam mithilfe des Doppelsignals an die Oberfläche und machte im Konflikt auf sich aufmerksam.

Ein Konflikt verschafft uns die große Chance, diese Seite, die wir an uns nicht mögen oder noch nicht kennen oder vor der wir Angst haben, kennenzulernen. Deswegen geht es in der prozessorientierten Konfliktarbeit darum, dem verdeckten oder sekundären Prozess zu folgen, auch wenn das Stoppschild uns einfacher und logischer erscheint. Dann haben wir bessere Chancen, z.B. hinter der Wut die Traurigkeit zu entdecken, die entstanden ist, weil wir zu wenig Wertschätzung erfahren haben. Wir brauchten dann in der Folge viel weniger wütend zu sein, weil wir dieses Gefühl jetzt verstehen und Strategien lernen können, um unser Bedürfnis nach Anerkennung auszudrücken.

Auch wenn wir unsere unbeabsichtigten Doppelsignale selbst nicht bemerken, reagieren die anderen darauf. Haben Sie schon mal besonders friedliebende Menschen getroffen, die von Frieden sprechen und friedliches Miteinander einfordern und dabei andere nur irritieren und wütend machen? Oder Menschen, die von Toleranz und Gerechtigkeit viel reden, aber genau wissen, was die anderen zu tun und zu lassen haben, und mit ihren indirekten Abwertungen die anderen niedermachen und dann schließlich von ihren Gegnern niedergemacht werden, deren Toleranz sie dann wiederum einfordern? Diese Menschen merken das nicht, solange sie sich nach eigener Selbsteinschätzung doch einwandfrei verhalten. Sie haben keinen Zugang zu ihren Signalen, die sie unbewusst aussenden – die geschlossene Faust hinterm Rücken, das böse Flackern in den Augen, das Krächzen in der Stimme, die Forderung und das akustische Ultimatum in der Bitte usw. Würden wir diese Menschen darauf aufmerksam machen und sie bitten, damit aufzuhören, würden sie sich wahrscheinlich vehement gegen unsere Beobachtungen wehren. Weil sie, wie viele andere

> Mit unseren unbeabsichtigten Signalen drücken wir aus, was wir wirklich wollen.

auch, eine Grenze gegen aggressives Verhalten haben, schauen sie lieber nicht so genau hin und lehnen diesen Teil bei sich selbst und anderen ab.

Nicht nur unterdrückte Empfindungen, auch verbotene Stimmen und innere Figuren, die uns nicht bewusst sind, drücken sich mithilfe verborgener Signale aus. Andere reagieren darauf, haben plötzlich ähnliche Empfindungen oder werden ein bisschen wie die Figur, ohne selbst davon zu wissen. Arnold Mindell beschreibt dieses Phänomen in seinem Buch *Traumkörper in Beziehungen* als ein psychologisches Feldphänomen, »es tritt ein, wenn abgespaltene Gefühle, Meinungen, Kritik, Traumfiguren usw., die aus dem gegenwärtigen sekundären Prozess eines Teils des Feldes stammen, (...) in einem anderen Teil des Feldes zu leben beginnen; diese werden im Gegenüber sozusagen aufgeräumt.«

Wir haben einen Konflikt mit anderen, aber in Wirklichkeit auch mit Teilen von uns selbst. Nun kommen wir nicht umhin, sie anzuschauen und ernstzunehmen. Als Beraterin oder therapeutische Begleiterin kann auch ich »aufgeräumt« werden. Darüber bekomme ich einen Zugang zu Gefühlen und Empfindungen, die meine Klienten noch nicht bewusst äußern können. Werden sie in der Konfliktarbeit oder in einem therapeutischen Prozess bewusst gemacht, kann die Verantwortung für die Signale wie auch für die dahinter verborgenen Wünsche übernommen werden.

Im normalen Leben gibt es diese Bewusstheit und das Wissen um diese Prozesse in der Regel nicht, weil wir es schlichtweg nicht gelernt haben und von einem illusionären Idealfall ausgehen, dass wir immer oder regelhaft mit unseren inneren Teilen in Übereinstimmung wären. Andere mögen denken, dass Doppelsignale und unbeabsichtigte Botschaften nur in gestörten Beziehungen oder behandlungsbedürftigen Familien ausgedrückt werden. Dem ist nicht so.

Die Entdeckung der Spiegelnervenzellen, ein neurobiologisches Resonanzphänomen, wie es Wissenschaftler bei Menschen und Tieren feststellen konnten, bestätigt die Wirkung unserer Gesten, Empfindungen und Verhaltensweisen – auch der unbeabsichtigten – auf andere. In seinem Buch *Warum ich fühle, was du fühlst* beschreibt der Neurobiologe und Psychotherapeut Joachim Bauer, wie diese Spiegelnervenzellen oder Spiegelneuronen im Gehirn des beteiligten oder zuschauenden Menschen sowohl Handlungen als auch Empfindungen und Gefühle nachbilden. Diese Nervenzellen machen intuitive Kommunikation überhaupt erst möglich und bewirken, dass Gähnen ansteckt, dass wir mitfühlen, wenn andere traurig sind, und Freude empfinden, wenn unsere Mitmenschen lachen. Bauer nimmt an, dass unsere Spiegelneuronen selbst auf kleinste Gesten und Äußerungen anderer reagieren, was den Prozess des Aufträumens im Ansatz erklären könnte.

Wir werden dann aufgeträumt, wenn wir die unterdrückten Empfindungen unseres Gegenübers nachfühlen, sie aber nicht mehr zuordnen können. Wir spüren beispielsweise die Aggression hinter dem Lachen, empfinden sie mittels unserer Spiegelzellen nach und denken dann, wir selbst seien aggressiv. Dabei sind wir nur Träger des verdeckten Prozesses oder Traums unseres Gegenübers, der eine Grenze hat, aggressives Verhalten zu zeigen. Arnold Mindell benutzt den Begriff des Aufträumens auch für gesellschaftliche Phänomene, z.B. wenn wir von einem herrschenden »Zeitgeist« aufgeträumt werden. Auch dazu passt, was Joachim Bauer schreibt: »Die Spiegelsysteme des Menschen unterliegen einer intuitiven Tendenz, sich sozial einzuschwingen«, was es Menschen schwer machen kann, zwischen dem Verstehen und Einschwingen auf das Gegenüber einerseits und der eigenen Identität andererseits zu unterscheiden. So ist es in einem Konflikt immer die Frage, was gehört zu mir, was zu den anderen, welche Träume und Veränderungswünsche haben beide oder die ganze Gruppe oder die Organisation, in der Menschen gerade streiten und vielleicht etwas Neues ausfechten.

In einem Konflikt bleibt immer die Frage: Was sind meine Wünsche oder deine und was sind die tiefen Veränderungswünsche der Gemeinschaft, für die wir gerade etwas ausfechten?

Wir spiegeln mit unseren Gefühlen und Verhaltensweisen auch die Wünsche, Bewegungen, Tendenzen der Gemeinschaft wieder, in der wir leben und arbeiten. Getrenntheit stellt sich als Illusion heraus, insbesondere dann, wenn wir in einem Konflikt stecken oder ein störendes Kommunikationsmuster entwickelt haben, das wir verändern möchten. Was ist dann meins, was kommt von den anderen? Unterscheidung und das Pochen auf Getrenntheit hält das schmerzhaft empfundene Trennende, das den Konflikt schürt, nur aufrecht. Vielleicht ist es sogar die ganze Gruppe oder das Team oder die Organisation mit ihren Veränderungswünschen, die die beteiligten Menschen, ohne dass sie es schon wissen, aufgeträumt oder berührt hat und sie gemeinsam etwas Bedeutsames für alle ausfechten lässt.

Alles ist Wechselwirkung, Wandel und Lebendigkeit

Wir stehen in einer ständigen Wechselwirkungsbeziehung mit anderen Kräften, Zeitgeistern und Gegebenheiten um uns herum. Wir spüren, wenn Menschen in einer Gruppe trotz großer Ausgelassenheit nicht glücklich sind, und haben dann vielleicht eine Tendenz, genau dieses Gefühl oder eine andere verborgene Empfindung auszudrücken, obwohl wir uns wenige Momente vorher noch ganz anders gefühlt haben. Unsere Verzagtheit, unsere Traurigkeit, aber vielleicht auch ein unbändiges Lachen können Ausdruck von Wünschen und Empfindungen sein, die nicht nur uns gehören. So ist auch jedes Verhalten immer ein Handeln im Feld und findet in einem Kontext statt. Diese uns unbewussten Kräfte bestimmen mit, was geschieht oder geschehen will. Dazu gehören auch die spirituellen, geistigen oder Gotteskräfte, wie auch immer wir sie in Abhängigkeit von Kultur und Glaubensrichtung nennen.

Die Ergebnisse aus der Quantenphysik, die wie keine andere Forschung unser altes Denken und unseren Realitätsbegriff erschüttert haben, unterstützen die Annahme von Kräften, die Prozesse in uns und zwischen uns ohne kausale Bedingtheit anschieben. Die Forscher entdeckten die Ebene aller Dinge, wo auch das kleinste Teilchen nur noch Welle ist und in Wechselwirkung mit allen anderen Teilchen und Wellen sehr wahrscheinlich ein dichtes universelles Informationsnetz über die Welt zieht, und provozierten damit einen Quantensprung im wissenschaftlichen Denken. Sie entdeckten, dass der Forscher und sein Untersuchungsgegenstand nicht unabhängig voneinander sind und dass die Grundannahmen der Forscherin die Ergebnisse beeinflussen.

Der renommierte deutsche Physiker Hans-Peter Dürr, der mit Werner Heisenberg, einem der Begründer der Quantenforschung, zusammenarbeitete und 1987 für sein Engagement in der Friedensbewegung mit dem alternativen Nobelpreis geehrt wurde, sagte kürzlich in einem Interview: »Im Grunde gibt es Materie gar nicht. Jedenfalls nicht im geläufigen Sinne. Es gibt nur ein Beziehungsgefüge, ständigen Wandel, Lebendigkeit.« Nach Dürr und seinen Kollegen ist unsere Wirklichkeit, wie wir sie übereinstimmend wahrnehmen, nicht die einzige Realität. Wenn wir nur die Welt der Dinge, der Objekte und ihrer Anordnungen betrachten, verpassen wir die Welt der »Wirks« und »Passierchen« – nach Dürr »winzig kleine Prozesse«, die alles zusammenfügen. Wirks und Passierchen sind passende Bezeichnungen für das, was wirkt, auch wenn wir es noch nicht benennen oder verstehen können. Sie gefallen mir so gut, dass ich sie in diesem Buch häufiger verwenden werde. Immer wenn wir eine Einsicht haben, uns etwas Bedeutsames bewusst wird und wir eine neue Haltung einnehmen können, werden diese Wirks und Passierchen in Gang gesetzt. Es wirkt und passiert etwas, was über uns und unser Erleben hinausgeht.

Arnold Mindell, der psychologisches und neues physikalisches Denken miteinander verbinden möchte und die Prozess- und Weltarbeit von Quantengeistern und Quantenflirts inspirieren lässt, nimmt an, dass wir den Quantengeist und das damit zusammenhängende neue Denken gebrauchen können, um die Probleme der Menschheit zu lösen, darunter Krieg und Unfrieden in der Welt. Wenn wir über kleinste Wellen und Teilchen universell miteinander verbunden sind, dann müsste jeder friedvolle Gedanke, eine neue bewusste Haltung in einem Konflikt und jede Friedenstat einen Einfluss auf alle anderen in dieser Welt haben. Dazu passt, was Mindell in *Mitten im Feuer* schreibt: »Jeder Konflikt ist in gewisser Hinsicht der wichtigste. Er kann der Beginn einer Weltveränderung sein.«

Lassen wir uns inspirieren von diesem neuen Denken, dass wir egal, was wir tun oder denken oder wo wir gerade sind, immer auch verbunden sind! Die Wirks und Passierchen aus unsichtbaren und noch nicht messbaren Welten pochen an vielen Stellen an und machen deutlich, dass sie nicht mehr reibungslos mit unserer sichtbaren Welt, mit unseren alten Identitäten und Lebensweisen zusammenpassen wollen. Etwas Neues will sich entwickeln. Krisen, Misserfolge, Konflikte und auch Krankheiten sind Grüße aus der Traumwelt und Träger bedeutsamer Prozesse.

> Krisen, Krankheiten und Konflikte weisen darauf hin, dass etwas Neues entstehen will.

Natürlich werden aus dem Stoff dieser Traumebene auch die Momente unseres Glücks und unserer Erfolge gewirkt, immer dann, wenn Kopf und Bauch, inneres und äußeres Sein zusammenpassen und wir mit unseren tiefsten Wünschen und denen unserer Familien und Gemeinschaften im Einklang sind. Konflikte ernst nehmen und dem verdeckten Traumprozess folgen, ist ein Weg dahin.

Eine Reise auf neuen Wegen

Schon in meinem Buch *Frei werden für eine glückliche Partnerschaft* habe ich das Bild der Reise verwandt, um durch die Kapitel zu führen. Das bietet sich auch bei diesem Buch an: Die Streitschlichterin reist auf neuen Pfaden und macht Erfahrungen. Reisen Sie mit, recyceln und verwandeln Sie Ihre abgelehnten Empfindungen, Ihre weggeworfenen Gedanken, die Sie dennoch nicht loslassen können. Schauen Sie sich Ihre Konflikte genau an und erfahren Sie mehr über sich selbst, über Ihre Träume und die der anderen und was Sie brauchen, um mehr im Einklang zu sein mit sich selbst und den Menschen um Sie herum. Konflikte sind Wandlungsanzeiger und verborgene Hinweisschilder für neue Wege, die sich auftun. Sie stecken voller wichtiger Botschaften und Informationen, die wir für die Gestaltung unserer Zukunft brauchen.

> Wir brauchen unsere Gegner und Gegnerinnen, sie sind Verbündete in einem gemeinsamen Entwicklungsprozess.

Dazu brauchen wir unsere Gegner und Gegnerinnen, die wir im kommenden zweiten Kapitel als Verbündete in einem gemeinsamen Entwicklungsprozess erkennen. Sie zeigen uns die Seiten, die wir an uns selbst noch nicht erkennen oder ablehnen. Aus ihren Worten hören wir die eigenen tief verborgenen Stimmen, Figuren und Wünsche heraus. Sie sind die Wächter an der Grenze, mit denen wir kämpfen müssen, um stark zu werden für die weitere Passage. Wir entdecken, dass die Störer in Teams, in der Nachbarschaft oder im Freundeskreis eine Botschaft für die ganze Gruppe haben und uns mit dem Traum der Gemeinschaft in Verbindung bringen, so wie auch unsere Doppelsignale Ausdruck unserer inneren unbewussten Traumwelt sind. Wenn wir den Code knacken, der diese Menschen an uns bindet, helfen sie uns, unsere tiefsten Wünsche und Bedürfnisse und die unserer Gruppen und Gemeinschaften besser zu verstehen.

Welche Rollen spielen wir in einem Konflikt, welches Drama und welche Besetzung halten Gruppen für uns parat und wann und wo haben wir uns darum beworben? Das untersuchen wir im dritten Kapitel. Sind wir eher Opfer oder Täter und was müssen wir selbst und die Gruppe dazu tun, dass wir die Rolle auch bekommen? Sind wir lieber Unterdrücker oder Freiheitskämpfer in unseren Arbeitswelten oder Familien oder haben wir manchmal gar keine Zeit, das selbst zu entscheiden? Wann werden Menschen zum Sündenbock und wären doch lieber ganz woanders? Sie erfahren, wie Sie aus alten Rollen aussteigen und bei der Neubesetzung in Zukunft ein Wörtchen mitreden können. Auf diesem Wegabschnitt möchte ich Ihnen auch Mut machen, den eigenen Rang und Status kennenzulernen und ihn anzunehmen. Hier verwandeln wir außerdem die Pfeile unserer Gegnerinnen – ihre treffendsten Vorwürfe – in Erlaubnis, zu tun, was wir unbewusst sowieso nicht lassen können.

Und was kommt nun, wenn das Leben auch einfach mal gut weitergehen soll? Was können wir tun, um Konflikten vorzubeugen oder sie ganz zu verhindern und dabei dennoch den Schatz zu bergen, der im Traumreich verborgen liegt? Die Antwort finden Sie im vierten Kapitel. Der Seitenwechsel, ein gedankliches oder verbales Hin- und Herspringen zwischen den zwei polarisierenden Seiten eines Konflikts eignet sich vorzüglich. Wir lernen die eigene Seite kennen und verstehen auch die andere und erkennen schneller unsere Verbündeten.

Das letzte Kapitel in diesem Buch ist zwei Grundprinzipien gewidmet, bedeutsamen Haltungen oder Kräften gleich. Die eine ist die Weisheit. Es gibt eine große Sehnsucht danach, aber nur wenige wissen, dass sie da ist, wenn wir sie brauchen. Psychologische Weisheitsforscher haben festgestellt, dass wir schon weiser werden, wenn wir nur über Weisheit sprechen und uns Gedanken darüber machen. Eine weise Frau weiß, dass Menschen Fehler machen und diese zur natürlichen Entwicklung gehören, der Weise weiß um die Unberechenbarkeit des Lebens und dass menschliche Empfindungen mit politischer oder sozialer Korrektheit nicht übereinstimmen. Wenn wir uns der eigenen Weisheit bewusst werden, macht sie uns selbstbewusst und stark, ein Wundermittel bei der Lösung von Konflikten.

Das Erkennen der eigenen Weisheit macht uns stark und selbstbewusst, sie ist ein Wundermittel bei der Lösung von Konflikten.

Über all dem steht das Prinzip der Tiefen Demokratie. Sie meint viel mehr als eine politisch korrekte Haltung. Toleranz kann sie beschreiben, die Liebe sie beleben, Achtung und Wertschätzung ihr ein gütiges Gesicht verleihen. Dabei lässt sie sich selten dauerhaft halten, zeigt Mitgefühl und Verständnis, wenn wir sie in Konflikten und im Schmerz immer wieder auch mal für eine kurze oder längere Zeit verlieren. Tiefe Demokratie kann unsere Familien, Gemeinschaften und Organisationen inspirieren, lebendiger, toleranter und letztendlich menschlicher zu werden.

| *In die Praxis umgesetzt:* |

Verbindung aufnehmen mit der Welt der Veränderungswünsche und Träume

- Nehmen Sie sich etwas Zeit und denken Sie an einen Konflikt, in dem Sie gerade stecken oder vor nicht allzu langer Zeit gesteckt haben.

- Gab oder gibt es einen Wunsch (z.B. unabhängiger zu werden, einen neuen Beruf zu ergreifen oder mehr Wertschätzung und Anerkennung durch Kollegen, Freunde oder Partner zu erfahren)? Schreiben Sie ihn auf und legen Sie das Papier zur Seite.

- Nun kommen Sie zurück zu Ihrem Konflikt. Stellen Sie sich vor, dass es zwischen Ihnen und Ihrer Konfliktpartnerin oder Ihrem Gegner einen Ball gibt, der hin und her fliegt. Auf dem Ball stehen die Sätze, die Sie sich gegenseitig zuwerfen. Vielleicht fällt Ihnen auf, dass es keinen nennenswerten Unterschied macht, auf welcher Seite sie ausgesprochen und mit dem Ball hinüber auf die andere Seite geworfen werden.

- Vielleicht bemerken Sie verdeckte Botschaften und Signale, vielleicht eine Traurigkeit oder eine Freude hinter den Worten. Was bemerken Sie noch, was Ihnen in der realen Auseinandersetzung nicht aufgefallen ist?

- Stellen Sie sich vor (auch wenn Sie es noch nicht so recht glauben), dass in dem Ball bedeutsame Informationen über wichtige Träume und Veränderungswünsche stecken. Was will hier aufgewirbelt, neu zusammengesetzt und verändert werden? Was will aus der engen Begrenzung des Balls und den sie umschließenden Worten heraus, sich entwickeln und entfalten? Denken Sie eine Weile ohne allzu große Anstrengung darüber nach und überlassen Sie sich Ihren Assoziationen. Tun Sie so, als ob Sie eine Geschichte erfinden sollten und bewerten Sie Ihre Ergebnisse nicht! Schreiben Sie Ihre Gedanken auf.

- Gibt es eine Verbindung dieser Gedanken mit dem Wunsch oder Traum, den Sie sich am Anfang dieser Übung aufgeschrieben haben? Spielen Sie eine Weile mit diesem Gedanken.

Der Konfliktpartner ist ein Verbündeter

Konflikte, zwischenmenschliche Krisen oder auch Kriege zwischen Völkern und Nationen – wir haben gelernt, dass auf der anderen Seite die Gegner stehen, unsere Feinde. Wir bekämpfen sie so lange, bis sie die Schuld einsehen, verurteilt werden, wir sie oder sie uns verjagen oder vernichten. Allzu oft haben wir Kriegsbilder im Kopf, wenn wir mit Menschen in einer schmerzhaften Auseinandersetzung stecken, uns ungerecht behandelt oder missachtet fühlen. Wir fühlen uns getrennt und sind doch so verbunden, dass wir nicht loslassen können von unseren Vorwürfen, unserer Sehnsucht nach Gerechtigkeit, nach Schuld, die endlich zugegeben werden soll. Berufliche Konflikte, zerrissene Familien, Ehekrisen – manchmal sind die anderen jahrelang in unseren Köpfen, die Gedanken an sie, an ihn lassen uns nicht los, tatsächliche und in der Erinnerung gigantisch gewordene Verwundungen und Schmerzen schmieden das Band. Wie können wir uns lösen aus dem ewig gleichen Wettrennen und Wegrennen vor Mitschuld und Verantwortung? Die Antwort ist gewöhnungsbedürftig:

Wir lösen uns, indem wir uns noch einmal ganz bewusst verbinden, denn die Sucht, die den anderen nicht loslassen kann, macht Sinn. Wir brauchen den Gegner und die Streitpartnerin noch, um etwas zu verstehen, eine Grenze zu überschreiten und den nächsten Schritt zu gehen.

Konfliktpartner sind Verbündete in einem gemeinsamen Entwicklungsprozess. Wir brauchen den Kampf und den Streit mit ihnen, um uns weiterzuentwickeln, so die Weisheit der Schamanen. Die Konfliktpartnerin mag in unserer sichtbaren Wirklichkeit eine Gegnerin sein, in der parallelen Traumwelt ist sie eine Verbündete. Sie repräsentiert vielleicht eine Kraft, die wir brauchen, ist verbunden über eine gleiche innere Stimme, die es zu entschlüsseln oder zu entmachten gilt, oder macht uns darauf aufmerksam, dass wir uns besser schützen müssen. In der Auseinandersetzung mit unseren Verbündeten finden wir das eigene und vielleicht auch das gemeinsame Thema und die verborgenen Träume, die sich hinter Konflikten oder Beziehungsstörungen verbergen. Auf diese Weise haben wir es immer auch mit den Entwicklungsprozessen der anderen zu tun. Die Schamanen sagen, dass sich alle gegenseitig brauchen und damit auch die noch nicht entschlüsselte Verwirrung, um einen besseren Weg zu finden. Dies ist eine hilfreiche wie auch freundliche Betrachtungsweise, die es erleichtert, mit schmerzhaften Konflikten zu arbeiten. Wenn wir erkennen, dass wir selbst im Ärgsten

In der Auseinandersetzung und im Kampf mit unseren Verbündeten lernen wir unsere wichtigsten Wünsche und Träume kennen.

auf eine uns noch unbekannte Weise verbunden sind, lernen wir unsere tiefsten Empfindungen, auch die als böse erachteten, zu zeigen und einen Ausdruck für sie zu finden. Das Gesetz der Natur, wie es im Tao formuliert ist, wird dazu beitragen, dass sie ausgedrückt und wahrgenommen werden und eine Chance bekommen, ihre transformierende bzw. verändernde Kraft zu entfalten – ob sie uns gefallen oder nicht. Der innere Prozess bedient sich vieler Wege. Wir benutzen beispielsweise unsere Gegner als Projektionsfläche, wir träumen sie zu Repräsentanten unserer inneren Stimmen und Figuren auf oder werden selbst zu Trägern von Stimmungen und Empfindungen unserer Streitpartner. Wir brauchen den Kampf und die Auseinandersetzung, um etwas Wichtiges für uns selbst herauszufinden.

In einem Seminar bei Max Schupbach 2004 in Portland (Oregon) lernte ich eine wunderbare Übung kennen, die uns mit dem Verbündeten bekannt macht, möglicherweise noch bevor es zu einem schlimmen Konflikt kommt. Die Übung, die auch am Ende dieses Kapitels ausführlich beschrieben wird, fördert eine bereichernde und gewaltfreie Auseinandersetzung mit Menschen, die uns besonders stören oder hinderlich scheinen. Die Grundthese ist:

Menschen, über die wir uns sehr aufregen, tun in der Essenz etwas, was wir selbst gebrauchen können.

Fallbeispiel

In einem Führungstraining mit landwirtschaftlichen Betriebsleiterinnen und Bäuerinnen entdeckte Annegrete W. bei dieser Übung die Energie eines Drachens in sich. Annegrete erzählte von ihrer Schwiegermutter, die ein »richtiger Hausdrachen« sei, nachts mit einem Besenstiel an die Decke klopfe und die junge Familie terrorisiere. Ihr Mann, der früh aufstehen musste, hatte sich schon in einen anderen Gebäudeteil verzogen, wo er das Klopfen seiner Mutter nicht mehr hören konnte. Die Schwiegertochter, die mit ihren Kindern den Lärm ertragen musste, wusste sich keinen Rat mehr. Bevor wir uns an die Arbeit machten, scherzten wir darüber, dass es in diesem Bauernhaus vielleicht immer einen Hausdrachen geben müsse, es sei eben nur die Frage, wer die Rolle am besten spielen kann. Annegrete ging in die Rolle der Schwiegermutter und versuchte zu entdecken, was der Kern oder die Essenz dieses Verhaltens jenseits von Polarisierung und Abneigung sein könne, und sie fand folgende Sätze als bedeutsam heraus: »Ich habe hier das Sagen, alle sollen mich hören, was ich zu sagen habe, ist wichtig ...« Annegrete, eine große und sehr starke Frau, ließ sich darauf ein, mehr und mehr selbst in diese Rolle hineinzugehen. Sie trat mit beiden Beinen schwer auf den Boden, verursachte eine Menge Lärm dabei und sprach die anderen Teilnehmerinnen mit kräftiger Stimme an: »Ich habe dir etwas zu sagen. Ich will, dass du hörst, was ich entschieden habe ...« Es war beeindruckend. Keine kam an ihren Bemerkungen vorbei. Annegrete fühlte sich sehr wohl in der Rolle und war bereit, ihre Schwiegermutter zu übertrumpfen.

Zwei Jahre später rief ich sie an, um zu fragen, wie es ihr nach unserem Training mit dem Drachen ergangen sei: »Mit dem Mut, den Drachen in mir zu zeigen, habe ich gelernt, für mich selbst einzustehen«, antwortete sie. »Ich kann heute viel besser unliebsame Entscheidungen treffen und bin nicht mehr von der Zustimmung der anderen abhängig. Ich kann auch mal egoistisch sein und bin viel selbstbewusster.« Mit der Schwiegermutter sei es kurz nach unserem Seminar zur Aussprache und Aussöhnung gekommen, mittlerweile lebe sie allerdings nicht mehr. Und dann erzählte sie, wie die Schwiegermutter noch in einer anderen Sache zur Verbündeten werden konnte: »Ich brauchte meine Schwiegermutter und den Kampf mit ihr, um meine Tochter, die sehr nach ihrer Großmutter kommt, zu verstehen.« Eine wunderbare Geschichte, die zeigt, wie sich die Wirks und Passierchen in unserer Umgebung in Bewegung setzen, wenn wir in uns eine essentielle Kraft entdecken und sie endlich ausdrücken dürfen.

Herzstücke:
Geschichten vom Scheitern,
gemeinsamen Lernen und Gelingen

Dieses Kapitel ist ein Herzstück des Buches und ich will deswegen darin nicht nur von Erfolgen, sondern auch vom Scheitern, von notwendigen Fehlern und vom gemeinsamen Lernen erzählen. Denn genau dies tun wir mit unseren Verbündeten und unseren Streitpartnern.

Als ich vor mehreren Jahren anfing, mit Konflikten prozessorientiert zu arbeiten, hatte ich selbst auch Angst. Die Gefühle und Meinungen der Beteiligten sollten nicht gedämpft oder durch Regeln und Ultimaten erpresst werden, sondern einen Raum bekommen, um sich offen auszudrücken. Meine Angst mischte sich mit der Angst der Beteiligten. Manche Prozesse blieben stecken, weil mir plötzlich vor lauter Schreck nichts mehr einfiel und eine schnelle Befriedung der Streithähne leichter erschien, als dem natürlichen Fluss und den lauten Gefühlen zu folgen. Am Anfang machte ich mir noch Vorwürfe und wünschte mir, besser zu sein. Vor allem dachte ich, dass ich kühl bleiben müsste, während die anderen sich gegenseitig angreifen. Das ging jedoch nicht und es geht immer noch nicht und daran muss etwas Gutes sein. Ich bin alles andere als distanziert in einem Konflikt, auch wenn es nicht mein eigener ist. Meine größten Schreckmomente in der Konfliktarbeit sind die Stellen,

Wir haben Angst vor unserer Unsicherheit und unseren Fehlern, dabei lernen wir gerade durch sie.

an denen ich selbst am meisten lernen konnte. So werden die Menschen, mit denen ich arbeite, zu meinen Verbündeten, mit denen auch ich mich manchmal auseinandersetzen muss, um meinen Weg zu finden.

Fallbeispiel Ich möchte von einem Konflikt erzählen, den ich in jener prozessorientierten Anfangszeit in einem Kindergarten zu schlichten versuchte. Eine junge ausgebildete Erzieherin kämpfte mit einer älteren und erfahrenen Erziehungskraft, die aber keine Erzieherinnenausbildung hatte. Die Jüngere war nicht so schnell und einfallsreich, wie es die Ältere von ihr erwartete und machte auch Fehler. Das jedenfalls wurde ihr in dem schwelenden Konflikt verdeckt und in der Konfliktarbeit dann offen vorgeworfen. Die Jüngere, ich nenne sie Karin M., verteidigte sich, so gut es ging:

»Aber da hatte ich und da konnte ich nicht anders und deswegen kann ich nichts dafür ...« Ich spürte ihre Not und ihren Schmerz und wollte zu schnell lindern und bedrängte beide, etwas einzusehen, was ihnen noch nicht möglich war. Die Wut wie auch der Schmerz in diesem Konflikt bekamen keinen Raum, um verstanden zu werden und sich dann erst zu verwandeln. Dafür hätten die beiden Frauen mehr Zeit gebraucht, das weiß ich heute. Kurz darauf bekam ich eine telefonische Rückmeldung aus dem Team und erfuhr, dass sich der Konflikt nicht wirklich gelöst hatte. Für mich war das hart.

In einer inneren Arbeit fiel es mir wie Schuppen von den Augen. Das Thema der jüngeren Mitarbeiterin war auch mein eigenes gewesen. Ich dachte, ich muss sehr sicher sein und darf keine Fehler machen und muss ganz schnell die Gegnerinnen befrieden, weil das sonst nicht ausgehalten werden kann. Hätte ich mehr auf meine Empfindungen gehört und diese ernst genommen, hätte ich zu Karin M. sagen können: »Ich spüre Ihre

Not und wie weh es tut, wenn wir als Anfängerinnen in einem Arbeitsfeld alles richtig machen wollen und wir noch nicht sicher sind, ob uns das gelingt. Auch ich will jetzt diesen Konflikt ganz schnell lösen und weiß nicht, wie ich das schaffen kann. Kennen Sie das auch, wie schwer es ist, sich selbst und anderen einzugestehen, dass wir unsicher sind und Zeit brauchen? Mir fällt es jetzt auch nicht leicht, alle hier um Geduld zu bitten, um gemeinsam mit Ihnen etwas herauszufinden.« So hätte der Konflikt zu einem Gemeinschaftsthema in der ganzen Gruppe werden können: Wie gehen wir mit Fehlern und Unsicherheit um? Dürfen wir lernen und uns entwickeln? Stattdessen überging ich meine Empfindungen, war zu schnell und tatsächlich nicht wirklich hilfreich. Karin M. war meine Verbündete und ich ihre. Wir beide konnten noch nicht sagen, dass wir Zeit brauchen und vielleicht sogar Fehler machen müssen, um daraus zu lernen. Auch die Menschen im Team, die sich trauten, mir zu sagen, dass sie von mir enttäuscht waren, waren Verbündete. Ihre Kritik an mir war gerechtfertigt und ich brauchte sie, um etwas Wichtiges über mich selbst herauszufinden. Ich hatte die Möglichkeit in der nächsten Supervision darüber zu sprechen. Meine Offenheit war eine wichtige Erfahrung für alle.

So lernte und lerne ich jeden Tag neu, mit der großen Not und dem Schmerz, der Angst vor lauten Gefühlen, die wir alle in Konflikten haben, umzugehen. Viele private wie berufliche Konflikte sind so sehr von seelischen oder auch körperlichen Schmerzen begleitet, dass wir das Leid als Hinweis nehmen können, wie existentiell das Geschehen von den Betroffenen erlebt wird. Es geht in einem schmerzhaften Konflikt um ganz viel, vielfach um alles, um Sein oder Nichtsein. Deswegen wollen Menschen in einem Konflikt auch nicht die Verlierer sein. Recht nicht bekommen und schuld sein, als schuldig von den anderen angesehen werden, kommt einem Rauswurf aus der Gemeinschaft gleich. Menschen haben Angst, das nicht zu überleben. Die Intensität des Leidens ist ein Hinweis darauf, wie sehr der Konflikt ernst zu nehmen ist, auch wenn er von außen als Dummheit erscheint. Es geht im Hintergrund immer um ein überlebenswichtiges Thema. Wenn Sie selbst in einem solchen Konflikt stecken, spüren Sie vielleicht schon, wovon ich schreibe, auch wenn Sie die Hintergründe noch nicht verstehen und den Sinn noch nicht ausmachen können.

Wenn Konflikte wehtun, müssen wir sie ernst nehmen, nur so entdecken wir das existentielle Thema.

Ganz nah beim Schmerz ist die Angst vor der Wut, der eigenen wie der der anderen, die uns Konflikte lieber vermeiden als austragen lässt. Und dann gibt es eine weitere innere Begleiterin, die es uns nicht leicht macht, einen Konflikt offen anzugehen. Ich spreche von der Scham. Wir schämen uns für das »Theater«, das wir veranstalten, oder befürchten, dass die anderen es für ein solches halten, weil sie uns noch nicht verstehen können oder wollen. Wir schämen uns, weil es einem Versagen gleich kommt, nicht mehr mit der eigenen Mutter oder Schwester sprechen zu können, Freunde oder einen Partner zu verlieren oder gekündigt zu werden. Wir haben es nicht geschafft, die anderen von uns zu überzeugen oder für diese weiterhin liebenswert zu sein. Hier bleibt uns häufig nur die Schuldzuweisung, »du, du, du ...«, weil der Schmerz und die Scham sonst nicht ausgehalten werden können. Manchmal spüren wir auch schon die eigene Verantwortung, können sie aber noch nicht bewusst annehmen, weil die Verurteilung durch die anderen die Übernahme der eigenen Verantwortung zur verräterischen Selbstanklage macht. Das könnte sich wie doppeltes Verlassenwerden und Verlassensein anfühlen. Mitgefühl kann hier eine hilfreiche Haltung sein. Haben Sie Mitgefühl mit sich selbst, aber auch mit einem Menschen, den Sie in einem solchen Konflikttheater erleben. Gehen Sie davon aus, dass die Wahrheit und die dahinter liegenden Träume auf einer anderen Ebene zu finden sind und sich nicht mit einfachen kausalen Gesetzmäßigkeiten beschreiben lassen. Die Traumwelt schickt ihre Grüße auf besondere Weise.

Zerrissene Familien

Es sprachen mich auf meiner Reise viele Eltern und hier ganz besonders Mütter an und klagten darüber, dass ihre erwachsenen Kinder und Schwiegertöchter und -söhne keinen Kontakt mehr mit ihnen haben wollten. Einigen dieser Eltern war sogar der Kontakt zu ihren Enkelkindern untersagt. Vor allem für die Mütter und Großmütter war die Trennung furchtbar und schmerzhaft, sie erlebten ihre Situation als eine schreckliche und unverschuldete Bestrafung für eine Tat, die sie nicht begangen hatten. Natürlich wetterten sie gegen ihre Kinder und ganz besonders gegen ihre Schwiegertöchter und -söhne, denen sie die Hauptschuld an der erzwungenen Trennung und dem Zerwürfnis gaben.

Wenn wir anfangen, prozessorientiert zu denken, dann muss es etwas Gutes und Notwendiges an der Trennung geben, auch wenn sie noch so bösartig durchgesetzt und als schmerzhaft erlebt wird. Was könnte gut daran sein, sich zu trennen oder Trennung auszuhalten? Warum muss sie so brachial durchgesetzt werden? Meine Hypothese in solchen Fällen ist: Die Seite in jungen Menschen, die sich trennen möchte, das heißt ein eigenes, selbstbestimmtes Leben in einer neuen Familie leben möchte, hat keine richtige Erlaubnis dazu. Und ohne Erlaubnis für das absolut Notwendige muss dieses Notwendige sich zur Not mit Gewalt durchsetzen: »Ich will dich nicht mehr sehen. Bleib mir vom Leib, geh weg von mir, weil ich mit dir in der Nähe nicht frei sein kann und darf.«

Diese Hypothese bestätigte sich. Oft waren es Einzelkinder, die sich als Erwachsene von den Eltern auf diese schmerzhafte Weise distanzierten. Die Kindheit war durch ein symbiotisches Zusammensein mit den Müttern geprägt, verstärkt vielleicht noch durch eine langwierige Trennungsgeschichte vom Vater oder durch den Verlust des Vaters durch Tod. Schon ein normales »Ich lebe mein Leben und treffe meine eigenen Entscheidungen« kann in Familien mit einem symbiotischen Beziehungsmuster grenzwertig sein. Liebe und Zuneigung werden hier mit Harmonie und Übereinstimmung verwechselt. Für Abgrenzung gibt es keine innere und oft auch keine äußere Erlaubnis. Interessant ist, dass in der Regel beide Seiten, die Eltern wie ihre erwachsenen Kinder, das gleiche Problem haben. Die Tochter sagt z.B.: »Meine Mutter engt mich ein, weil ich nicht sagen darf, dass ich sie lieber nicht so oft besuchen oder meinen Urlaub nicht bei ihr verbringen möchte oder meinen Garten auf meine Weise gestalten will. Sie hält das nicht aus.« Das ist die eine Seite. Die andere Seite ist: Die Tochter hält es nicht aus, wenn die Mutter traurig oder enttäuscht ist oder böse wird. Die Tochter will die Verantwortung für die Gefühle der Mutter nicht tragen und weiß noch nicht, dass sie das auch gar nicht muss. Mutter und Tochter brauchen sich gegenseitig, um den nächsten Schritt zu gehen und werden den Konflikt auch so lange haben, bis die Tochter sich trennen darf oder die Mutter ihre Enttäuschung und ihre Einsamkeit annehmen kann und sich beide trotz allem, was sie trennt, lieben können.

Liebe und Zuneigung werden oft mit Harmonie und Übereinstimmung verwechselt.

»Ich mag dich, auch wenn du weinst oder böse bist oder dich unangenehm benimmst«, könnte die Tochter irgendwann sagen, dann braucht sie die Gefühle der Mutter nicht mehr als Einschränkung zu erleben. »Ich lasse dich unvernünftige Entscheidungen treffen und bin trotzdem für dich da, wenn alles schief geht«, könnten die Worte der Mutter sein. Beide brauchen Unterstützung, um dahin zu kommen. Manchmal ist es hilfreich, sich die familiäre Geschichte im Hintergrund genauer anzuschauen oder sich auf einen therapeutischen Prozess einzulassen, um sich von alten Komplexen zu befreien. Eine einzige Konfliktberatung reicht in familiären Krisen häufig nicht aus, um diese Zerrissenheit zu heilen. Konfliktberatung aber kann den Blick für den gemeinsamen Traum im Hintergrund öffnen und die notwendige Übernahme der Verantwortung für die eigene Not und das eigene Leiden erleichtern, auch wenn nur eine Person in die Beratung kommt. Eine neue Haltung kann eingenommen werden – der andere trägt nicht länger die Schuld – und ein Entwicklungsweg darf beginnen. Das alleine kann schon einige Wirks und Passierchen aus der Quantenwelt in Gang setzen und etwas Neues in der Beziehung und in der ganzen Familie entstehen lassen. Meine Erfahrungen in der Begleitung von Menschen bestätigen genau das. Wenn nur eine Person in einem Konflikt eine neue Haltung einnehmen kann, verändert sich etwas im ganzen System. Ich habe oft erlebt, dass auf einmal Geschwister sich wieder gemeldet haben, wenn Bruder oder Schwester ihre Haltung ändern konnten und nicht mehr nur auf die Schuld der anderen pochten. Da flattert plötzlich ein Brief ins Haus oder bei der gefürchteten Begegnung auf dem nächsten Familienfest ist alles ein wenig anders.

In der Einzelarbeit geht es nicht um die Schlichtung eines Streits von mehreren Personen, sondern vielmehr um die Förderung einer inneren Schlichtung in der betroffenen Person, die die Entscheidung getroffen hat, an sich selbst zu arbeiten. Das muss nicht ehrenrührig sein und ist kein Eingeständnis für eigene Schuld. Es entspricht vielmehr einer Wahrheit, dass es immer nur ein Mensch ist, der sich ändern kann und dessen Änderung tatsächlich beeinflusst werden kann: Das bin immer nur ich, die ich leide und klage und die Situation verändern möchte. Ändern kann ich nur mich selbst und auch erst dann, wenn mein Herz dafür aufgeschlossen ist.

> Wenn ich in einer Auseinandersetzung stecke und leide, gibt es von mir aus gesehen nur einen Menschen, der etwas verändern oder erkennen sollte: Das bin ich selbst.

Fallbeispiel

Auf meiner Reise sprach mich die fünfzigjährige Petra S. nach einem Vortrag an. Einen Tag später saß ich bei ihr im Wohnzimmer und hörte ihre Geschichte: Sie hatte drei Söhne, die alle drei mit ihren jungen Frauen zusammenlebten. Auf der Hochzeit des jüngsten Sohnes war vieles schief gegangen, die Schwiegertochter wollte mit der Schwiegermutter nichts mehr zu tun haben und verweigerte ihr auch das Treffen mit dem einjährigen Enkelsohn. Die Freundin des ersten Sohnes war gerade schwanger und distanzierte sich ebenfalls von ihr. Für Petra war das Verhalten ihrer Schwiegertöchter furchtbar und absolut unverständlich. Trennung und Trennendes stand schwer im Raum und zwischen den Familienmitgliedern. Das Trennende wurde hier von den Schwiegertöchtern – die dritte Schwiegertochter sollte kurz vor ihrer Verheiratung nachziehen – so dick und groß gezogen, dass es nicht mehr zu übersehen war. Was dazu nicht zu passen schien, war die große Liebe der Söhne für ihre Mutter, Petra S. zeigte mir ihre Liebesbriefe und Liebesbeweise. Meine prozessorientierte Hypothese, dass es etwas Gutes an der Trennung geben musste, bestätigte sich. Für das Trennende gab es zwischen Mutter und Söhnen keine richtige Erlaubnis. Für Petra S. war es immer noch selbstverständlich, alles für ihre Jungs zu tun. Sie machte ihren Söhnen großartige Geschenke, versorgte deren Hunde, auch wenn sie selbst keine Lust darauf hatte, sie schickte ihnen einen Gärtner ins Haus, den diese nicht bestellt hatten und vieles mehr. Und weil die Söhne mit der Mutter und die Mutter mit den Söhnen auf diese Weise eng oder zu eng verbunden waren, blieb es den Schwiegertöchtern überlassen, das Trennende zu vollziehen. Sie sind im Grunde genommen Verbündete im Familiensystem und sorgen für den notwendigen Ausgleich von zu viel Bindung und zu wenig Freiheit, das eigene Leben ohne Einmischung zu gestalten. Diese unterentwickelte Tendenz muss wahrscheinlich so schmerzhaft sichtbar für trennende Wirklichkeit sorgen, weil sie sonst nur schwerlich zu ihrem Recht kommt.

In einem familiären Gruppenprozess, zu dem sich die Mutter mit allen drei Söhnen und zwei Schwiegertöchtern einfand, arbeiteten wir die verschiedenen Positionen heraus. Dabei war es wichtig, dass alle Stimmen und Gedanken zu Wort kamen. Ich selbst stand mal auf der einen und mal auf der anderen Seite und unterstützte die Familienmitglieder darin, ihre Gefühle und Ansichten besser auszudrücken. Diese Vorgehensweise wurde von allen als hilfreich erlebt. Es war auch sehr erleichternd zu merken, dass selbst geheime Gedanken ausgesprochen werden konnten und das die Luft zwischen den Parteien eher reinigte als noch mehr vergiftete. Aber es wurde auch viel geweint auf allen Seiten, allen ging der Konflikt sehr nah. Als wir nach etwa drei Stunden zu einer neuen Vereinbarung kamen und auch die jüngste Schwiegertochter zustimmte, dass Petra S. nun endlich ihren Enkel wieder sehen könne, geschah etwas, das alle überraschte: Die junge Mutter überlegte kurz, wie denn jetzt ihre eigenen Eltern damit umgehen würden, wenn sie wieder Kontakt zu Petra S. aufnähme. Es dauerte keine fünf Minuten und sie war zu ihrer alten Position – »Ich will keinen Kontakt zu meiner Schwiegermutter«. – zurückgekehrt.

Das war für alle nach dieser anstrengenden Familienkonferenz wie ein Schlag ins Gesicht, selbst ihr Mann verstand sie nicht. Auch ich war enttäuscht und teilte ihr mit, dass es nicht leicht wäre, sie zu verstehen. Sie begann von ihrer Mutter zu sprechen und dass es für diese schlimm wäre, wenn sie mit der Schwiegermutter wieder Kontakt habe. Es gab also auch in dieser Familie ein symbiotisches Muster, das den guten Kontakt zur Familie des Mannes und damit Trennendes nicht erlaubte.

Mit Petra S. habe ich in der Folge auf meinen Fahrten von Nord nach Süd und umgekehrt noch einige weitere Gespräche gehabt. Sie kann den Konflikt heute besser aushalten. Im Grunde weiß sie um die Liebe ihrer Söhne, sie sieht diese auch ab und zu und das beruhigt sie. Sie lernt zunehmend, weniger auf ihre Kinder, sondern auf ihr eigenes Leben und was sie dort glücklich macht, zu schauen. Ihre Konfliktpartnerinnen, die Schwiegertöchter, zwingen sie letztendlich dazu.

Es war auch für mich nicht leicht, mich mit diesem Ergebnis zufriedenzugeben. Ich habe später an alle drei jungen Familien einen Brief geschrieben, um sie zu motivieren, noch einmal zusammenzukommen. Das ist mir nicht gelungen. Die Schwiegertöchter sind noch zu sehr von der Alleinschuld von Petra S. überzeugt und dass nur sie sich ändern muss. Das ist schade. Vielleicht hätten wir bei der nächsten Familienkonferenz feststellen können, dass die Söhne ihre Unabhängigkeit von der Mutter selbst in die Hand nehmen müssten. Die Frauen wären dann frei, sich mit der Schwiegermutter zu verstehen und sich gleichzeitig auch abzugrenzen. Gerade der Haken oder das Hindernis in der ersten Familienkonferenz wäre interessant gewesen und hätte ein bedeutsamer Hinweis für den Weg der weiteren Arbeit sein können.

Meine Hoffnung ist groß, dass ich mit diesem Buch Familienmitglieder in einem schweren Konflikt einladen kann, an der Stelle, an der sie am liebsten aufhören wollen, weiterzugehen und zu verstehen, womit sie eigentlich wirklich aufhören wollen. Es gibt bei schweren Konflikten keine leichten Lösungen.

Familiäre Konflikte zwischen Erwachsenen und ganz besonders Erbstreitigkeiten können so nachhaltig familiäre Beziehungen zerstören, dass es fast ein Wunder ist, dass nur so wenige von ihnen Hilfe und Mediation in Anspruch nehmen. Auf meiner Reise als Streitschlichterin durch Deutschland habe ich mehrere Male versucht, alle zerstrittenen Familienmitglieder an einen Tisch zu bekommen. Ich habe bei vielen Töchtern und Söhnen im Auftrag der Eltern angerufen und konnte sie doch nicht überreden. »Nein, das hat keinen Zweck, nein, die Eltern ändern sich sowieso nicht. Nein, nein, es ist schon so viel gesprochen worden, das wird nichts bringen«, bekam ich immer wieder zur Antwort.

Was macht es so schwer für erwachsene Familienmitglieder, sich im Streit an einen gemeinsamen Tisch zu setzen? Es muss diese ganz besondere und intensive Mischung aus Liebe, Wut und Schmerz sein. Die Erinnerung an alte Enttäuschungen und eine große Sehnsucht vermischen sich zu einem explosiven Stoff.

Wenn erwachsene Familienmitglieder miteinander streiten, dann spürt man schnell, wie (sehn)süchtig sie danach sind, so gehört, geliebt und gesehen zu werden, wie sie sind. Es geht meist darum: Darf ich anders sein, anders denken und handeln, böse sein und mich ungerecht behandelt fühlen und werde ich mit all dem gehört und geliebt?

Bringt man Familienmitglieder in einem Konflikt zusammen, reißen alte Wunden auf, die so wehtun, dass Menschen glauben, sie halten das nicht aus. »Meine Schwester ist für mich gestorben, mein Vater interessiert mich nicht mehr«, solche Sätze höre ich oft. Und manchmal sagen sie noch: »Mir macht das jetzt nichts mehr aus« und bemerken ihre Doppelsignale nicht, die sie dabei aussenden: Wut und zugleich Tränen in den Augen oder hilflose in die Luft greifende Armbewegungen, die von dem tiefen Wunsch nach gegenseitiger Liebe erzählen.

Wie ich schon in *Frei werden für eine glückliche Partnerschaft* beschrieben habe, können Familienkonflikte und Beziehungsmuster über Generationen mitgeschleppt werden. Mancher Konflikt mag in der Generation der Großeltern oder Urgroßeltern seinen Anfang genommen haben. Erbstreitigkeiten haben häufig einen solchen Hintergrund oder schaffen neue Konfliktherde für nächste Generationen.

Wenn Sie die Möglichkeit haben, an der Lösung eines Familienkonflikts zu arbeiten, dann tun Sie es! Auch wenn Sie erst einmal alleine sind. Es wird sich auf Ihr Wohlbefinden, Ihre Gesundheit und Ihre Beziehungen insgesamt auswirken. Manchmal sind Menschen noch nicht so weit, bewusst an sich zu arbeiten und Konfliktarbeit kommt nicht in Frage für sie. Das gilt es unbedingt zu respektieren. Ich vertraue darauf, dass wir alle im Leben genau die bedeutsamen Erfahrungen machen, die wir brauchen, um etwas einzusehen oder uns zu verändern.

Die Lösung eines Familienkonflikts wirkt sich positiv auf unser Wohlergehen, unsere Gesundheit und unsere Beziehungen aus.

Ich erinnere mich an den Film des Iraners Bahman Ghobadi, *Zeit der trunkenen Pferde,* in der ein Vater seinen behinderten Sohn ablehnt und nach Möglichkeiten sucht, ihn loszuwerden. Was der Vater auch tut – er will ihn zu Verwandten schicken, überlässt ihn einem Einsiedler –, es wird immer wieder vereitelt. Erst eine dramatische und für den Sohn beinahe tödlich endende Gefahrensituation entlang eines reißenden Flusses ruft die Liebe des Vaters wach. Er hält den bewusstlosen Jungen im Arm und beschwört ihn unter Tränen weiterzuleben.

Gute Filme handeln oft von Konflikten und den dahinterliegenden Träumen. Der Konflikt erschafft die Wirklichkeit, den reißenden Fluss, der den Träumen schließlich ins Leben verhilft. In diesem Film war es der Traum von mehr Liebe und Menschlichkeit, der sich verwirklichen wollte. So ist es auch im Leben, wenn auch nicht in der Verdichtung von neunzig Minuten. Die transformierende Kraft des Flusses ist ein schönes Bild. Konflikte können wie Stromschnellen sein, die uns durchrütteln, weichspülen, mit Wunden zurücklassen, uns aber auch mit unserer Liebe zu uns selbst und für andere neu verbinden. Genau das passiert in diesem preisgekrönten Film.

Rosenkriege – Beziehungskonflikte

Wenn ich über Familienkonflikte schreibe, sollte auch der Krieg zwischen Liebenden nicht fehlen. Liebende in einem Konflikt sind auf eine Weise Verbündete, dass viele von ihnen selbst nach der Scheidung noch nicht voneinander lassen können. Sie sind so sehr beeindruckt von den Sätzen, Deutungen und Beschimpfungen, die sie sich manchmal über zig Jahre gegenseitig zuwerfen, dass sie nicht merken, wie sie träumen. Und wahrscheinlich kämpfen sie so lange, bis sie etwas Elementares begriffen und den Schatz geborgen haben. Häufig ist es ein gemeinsamer Traum nach mehr Freiheit und Liebe und danach so sein zu dürfen, wie sie oder er nun mal ist. Mit allen Verfehlungen und Verirrungen, die in einem Leben möglich sind. Wenn Paare miteinander kämpfen, dann geht das an die Substanz, ans Eingemachte, diese umgangssprachliche Ausdrucksweise weist auf die Bedeutung und die Wichtigkeit dessen hin, was da geschieht.

Paare können der Illusion von Getrenntheit in einer Beziehungskrise völlig verfallen. Sie erleben sich als konträr und verschieden und merken nicht, wie sehr sie sich gegenseitig aufträumen zu Verhaltensweisen, die sie früher nicht gezeigt haben, oder sie projizieren eigene Themen in den anderen hinein. Letztendlich träumen sie gemeinsam. Von was nur? Oft können wir das Theater, das ein Paar miteinander spielt, nur verstehen, wenn wir uns die ungelösten Familiengeschichten im Hintergrund oder die

Wenn Liebende miteinander kämpfen, träumen sie gemeinsam von mehr Freiheit und gegenseitiger Wertschätzung.

Entwicklungsgeschichte der beiden genauer anschauen. Ich habe Männer erlebt, die in ihre Frauen die böse Mutter hineinträumten, die ihnen nicht gibt, was sie wirklich brauchen, oder die ständig an ihnen herumnörgelt und sie verändern will. Ähnlich der Mann, wenn er, ohne es zu wissen, die Rolle des Vaters seiner Frau übernimmt, zu hart oder zu weich ist, auf jeden Fall nicht richtig. Und alle bringen ihre Geschichten, ihre inneren Papa- und Mamastimmen und ihre Bilder mit von dem, was sein müsste, von dem, was hätte oder sollte. All das schreibt unbewusst mit am Drehbuch des ablaufenden Films, in dem beide feststecken.

> Was häufig in Beziehungen fehlt, ist Freiheit. Die Freiheit, Ungewöhnliches oder Trennendes zu fühlen, zu denken und dem eigenen Herzen zu folgen und dies mitzuteilen. Viele denken, es sei der Partner, der sie unfrei macht, vor dessen Reaktion sie Angst haben, der sich endlich verändern und liberaler werden sollte. Vor lauter Partnerschaftsschelte werden die eigenen inneren Stimmen, die die Verbote aussprechen, nicht gehört, und es fehlt der Zugang zur eigenen Angst im Hintergrund.

Der Konflikt ist dann wie ein Drachen, der von beiden gefüttert wird und monströse Ausmaße annehmen kann. In einem afrikanischen Weisheitenbuch fand ich kürzlich folgenden Spruch von Sobonfu Somé: »Zur romantischen Liebe gehört es, seine wahre Identität zu verbergen, um akzeptiert zu werden. Man beginnt, alles Mögliche nur seinem Partner zuliebe zu tun und die eigenen Empfindungen zu vernachlässigen, bis man völlig erschöpft ist.«

Wie wahr! Werden die trennenden Seiten, die trennenden Empfindungen und Bedürfnisse nicht angeschaut, dann muss sich diese Seite mithilfe von Doppelsignalen und irgendwann mithilfe einer Krise zu Wort melden. Stellen Sie sich vor, die trennende Seite darf sich lange nur in unbeabsichtigten Signalen ausdrücken: nicht zuhören, sich wegdrehen, wenn der andere sich freut, gähnen beim gemeinsamen Spaziergang oder Essen, Kopfschmerzen vorm Zubettgehen usw. Und auf die Signale des Nichtwollens reagiert dann der andere erst insgeheim, dann offen. Hier kann eine Mischung aus quälenden Vorwürfen und fiesen Anschuldigungen gemixt werden, die irgendwann zum primären Prozess – »Wir verstehen uns nicht mehr und streiten uns nur noch« – des Paares werden muss. Das kommt manchmal einem Dammbruch gleich, der in der Folge alles Verbindende verwüstet. In der Trennung bekommt das Trennende die ersehnte Erlaubnis. Die Liebe wandert ab ins Traumreich und sorgt manchmal auf geheimnisvolle Weise dafür, dass das Paar noch jahrelang weiterkämpft oder manchmal auch wieder zusammenkommt.

Fallbeispiel

Auf meiner Reise durch Deutschland arbeitete ich mit einem Paar, das sich gerade in einem schmerzhaften Trennungsprozess befand. Sie hatten sich als Arzt und Arzthelferin vor vielen Jahren kennengelernt, bald geheiratet und Kinder bekommen. Ihren Wunsch, selbst Medizin zu studieren, hatte die viel jüngere Frau, ich nenne sie hier Manuela K., erst einmal fallen gelassen. Nach mehr als zehnjähriger Ehe tauchte der Wunsch in ihr wieder auf: Sie wollte studieren und ihre eigenen Träume verwirklichen. Es kam zu einer dicken Krise mit ihrem Mann, den ich hier Horst K. nenne. Für ihn stellten die Wünsche seiner Frau eine Bedrohung dar. Infolge ihrer Kämpfe war sie bereits ausgezogen und hatte die Kinder mitgenommen.

In den Gesprächen, die ich mit dem Paar und mit beiden einzeln führte, wurde schnell deutlich, wie sehr sie beide diesen Konflikt und damit auch den Kampf brauchten, um sich weiterzuentwickeln. Frei sein, stark werden und sich gegenseitig Freiheit erlauben war ein großes gemeinsames Entwicklungsthema. Manuela brauchte den Kampf mit Horst, um unabhängiger zu werden und ihren eigenen Weg zu gehen. Horst repräsentierte mit seinen Forderungen eine Figur, die sie auch in sich selbst trug, die sagte: Es ist unverantwortlich zu tun, was du für richtig hältst. Du darfst nicht nur an dich selbst denken. Und so weiter. Diese Stimme in ihr war alt und erinnerte sie an den Vater, der ihre Wünsche nicht ernst genommen hatte. Es gab einen tiefen Wunsch in ihr, stark zu werden, und sich gegen diese innere und äußere Stimme zu wehren. Erst in der Trennungskrise bekam sie den Mut, Nein zu sagen.

Manuela war in ihrer Abwehr aber auch die Verbündete von Horst. Er brauchte sie, um seine Angst und seine Schwäche kennenzulernen und zu überwinden. Das war ein Prozessschritt, auf den er gerne verzichtet hätte. Aber auch in ihm muss es einen starken Wunsch geben, eine neue Unabhängigkeit und Stärke zu entwickeln. Die Hartnäckigkeit von Manuela zwingt ihn dazu, beides zu entdecken. Als sich Horst und Manuela in der gemeinsamen Arbeit als Verbündete erkennen konnten, spürten sie auch ihre Liebe zueinander wieder deutlicher. Sie konnten gute Vereinbarungen treffen, ohne sich endgültig zu trennen. Ich habe kürzlich mit Manuela K. gesprochen und sie gefragt, wie ihre Geschichte weitergegangen ist. Sie freute sich sehr über meinen Anruf und hatte die gemeinsame Arbeit in guter Erinnerung.

Paare spüren ihre Liebe füreinander wieder, wenn sie sich als Verbündete in einer Krise erkennen.

»Ich bekam durch diese Gespräche das erste Mal wieder einen Blick dafür, dass es mit meinem Mann zusammen gehen könnte«, erzählte sie. Sie hatte in der Prozessarbeit die Liebe zu Horst wieder spüren können. Diese Erfahrung hatte sie überrascht. Vorher hatte sie nicht mehr geglaubt, dass ihre Gedanken und Wünsche je einen angemessenen Raum in der Beziehung bekommen könnten. Nur in der Trennung erlaubte sie sich zu fühlen, was sie empfand, und zu wünschen, was sie wollte. Wenige Monate nach unseren Gesprächen zogen Manuela und Horst wieder zusammen, der Entwicklungsweg, der vor beiden liegt, geht natürlich weiter. Manuela hat mit einer Psychotherapie begonnen, sie kann Trennendes heute aussprechen, auch wenn es noch viel Angst macht und sie immer noch nicht gut aushalten kann, wenn es Horst nicht gut geht damit.

Fallbeispiel Kürzlich arbeitete ich mit einem Mann, ich nenne ihn hier Heribert E., der sich fragte, warum er in seinen Beziehungen immer wieder voller Zweifel sei, ob er tatsächlich die richtige Frau gewählt habe. Er habe Angst, auch die jetzige Partnerin wieder zu verlieren. Ich wollte wissen, ob er sich diese Frage auch schon am Anfang der Beziehung gestellt habe und ob er sie offen stellen durfte. Er verneinte, das wäre zu bedrohlich und zu beängstigend gewesen. Er habe nicht wieder alleine sein wollen. Was wäre passiert, wenn er seine Zweifel hätte spüren und ein Nein für die Beziehung hätte haben dürfen, fragte ich ihn. Diese Frage konnte er sofort beantworten: »Dann hätte ich doch Ja gesagt und mich für diese Frau entschieden, weil ich sehr gerne mit ihr zusammen bin und wir vieles gemeinsam haben.«

Das mag paradox klingen, aber Ja können wir eigentlich nur sagen, wenn wir auch Nein sagen dürfen. Diese Erlaubnis hatte er sich selbst verweigert. Die Erlaubnis zum Nein, ein wichtiger Prozessschritt hin zum Ja, geisterte bis heute in der Beziehung herum. Alleine das kurze Gespräch darüber entfaltete große Wirkung. Wenige Wochen später berichtete er mir, dass er eine ganz neue Intensität im Zusammensein mit seiner Partnerin spüre. Auch ihr sei das aufgefallen und sie habe sich sehr darüber gefreut.

Wenn wir bedeutsame Empfindungen nicht äußern, wichtige Fragen nicht stellen und Trennendes zu Beginn einer Beziehung oder auch währenddessen nicht anschauen oder wahrnehmen dürfen, dann werden diese Dinge mitgeschleppt, bis sie schmerzhaft, verzerrt und kaum wiederzuerkennen in Erscheinung treten und die Beziehungswirklichkeit mitgestalten.

In dem Roman *Am Strand* von Ian McEwan wird die Geschichte einer Hochzeitsnacht erzählt, in deren Verlauf Mann und Frau auseinandergehen. Sie haben sich ihre Angst vor der sexuellen Liebe und vieles andere verschwiegen, weil sie sich davor fürchteten, unterschiedlicher Meinung zu sein: »Sie kannten sich kaum und konnten sich auch nicht kennenlernen, weil ständiges höfliches Verschweigen ihre Unterschiede zudeckte und sie nicht nur aneinander fesselte, sondern zugleich auch füreinander blind machte.«

Nach einem traumatischen Beischlaf bricht die Wut und das Trennende durch, jetzt »fühlte sich Florence durch Edwards Wut wie befreit. Sie wollte ihn verletzen, ihn bestrafen, um sich von ihm zu unterscheiden. Dieser Drang war für sie so neu, diese Gier nach Zerstörung, dass sie ihr nichts entgegensetzen konnte.«

Was für eine Befreiung, als das Trennende endlich gefühlt und ausgesprochen werden darf! Im Roman geschieht diese Geschichte Anfang der 60er-Jahre.

Möglicherweise geht es heute um andere Themen, aber das innere Verbot, Trennendes zu benennen, gibt es auch heute noch in Liebesbeziehungen. Paare nehmen die ausgesprochenen Empfindungen und die Wut des anderen als unvergängliche Wahrheit und nicht als bedeutsamen und vielleicht noch verschlüsselten Hinweis für einen Entwicklungsprozess und einen Traum, der sich entfalten will. Könnten sie sich als Verbündete sehen, die etwas Wichtiges zu lernen und auszufechten haben, könnte es für viele Liebesgeschichten einen anderen Ausgang geben.

Wenn wir dem Trennenden in der Liebe einen Raum geben, muss es nicht wie ein dämonischer Geist über unsere Beziehungen hinwegfegen.

Wir werden dem Trennenden in Beziehungen einen Platz einräumen müssen. Das heißt nicht unbedingt, dass alles gesagt und ausgesprochen werden muss, aber wir sollten uns erlauben, darüber nachzudenken, wie wir mit unseren trennenden Anteilen umgehen wollen, bevor sie wie dämonische Geister, die keine Bremse mehr festhalten kann, über unsere Beziehungen hinwegfegen.

Was Paare noch weiter zu trennen scheint, sie aber häufig nur neu verbinden möchte, ist die oder der Dritte im heimlichen Bunde. Die Geliebte und der Geliebte, die in viele Beziehungen hineinmischen, sind nicht wirklich die bösen Dritten, sondern Verbündete aus der Traumwelt. Wenn der Geliebte oder die Geliebte auftaucht, träumt das Paar bewusst oder unbewusst einen Traum nach mehr Liebe, Nähe, Verständnis und Leidenschaftlichkeit. Beide! Allein diese Sichtweise kann es leichter machen, in einem fiebrigen Dreier-Beziehungsstress alle Seiten besser zu verstehen. Was dann die fremdgehenden Ehepartner sagen oder auf andere Weise mitteilen, sollte nicht eins zu eins auf die Waagschale gelegt werden. Bedeutsamer ist es, auf den gemeinsamen Traum zu schauen. Die Geliebte und der Geliebte sind Boten aus der Traumwelt und sie werden unbewusst *von beiden* in die Wirklichkeit gerufen. Auf solchen Umwegen entfalten sich Träume, wenn der direkte Weg noch nicht möglich ist.

Wir haben (aus vielen guten Gründen) der Treue ein hohes Denkmal gestellt, sodass Menschen meist sehr lange gekränkt sind, wenn der Partner einmal fremdgegangen ist. Als hätte der andere eine bessere und in jedem Fall eine vernünftigere Entscheidung treffen können. Daran glaube ich nicht. Die Geschichten, von denen ich höre und die ich am eigenen Leib erleben durfte, sind im wahrsten Sinne des Wortes viel spannender und nicht mit Vernunft zu lenken. Und wahrscheinlich nicht einmal persönlich zu nehmen, zumindest nicht auf die altbekannte Weise. Auch eine Beziehungskrise folgt wie eine leidenschaftliche Liebesgeschichte den Gesetzen des natürlichen Flusses und lässt sich nicht mit Gewalt und auch nicht mit Vorwürfen umlenken. Und übernimmt ein Paar nicht rechtzeitig die Verantwortung für die innere Sehnsucht nach mehr Liebe und Lebensfreude in der Beziehung, dann muss sich der Fluss einen Ausweg graben. Das kann eine Krankheit sein, die Depression eines Partners, die den Traum in sich verbirgt, oder es sind die Geliebten, die einspringen, um den vernachlässigten Funken zu zünden.

Wenn Beziehungskonflikte persönlich treffen, egal, wer sie auslöst, ist das kein Beweis für die Schlechtigkeit des anderen, sondern ein Hilferuf aus der eigenen Psyche. Ein Hinweis auf die große Verletzbarkeit, auf den Schutz, den wir brauchen, auf unsere übergroße Sehnsucht nach Liebe, die so verdammt zerbrechlich erscheint.

Eine Beziehungskrise beinhaltet wie jede Krise die Chance, sich selbst besser kennenzulernen und den nächsten Schritt zu gehen. Ein zu schneller Partnerwechsel verhindert manchmal, dass der Traum hinter einer Krise sich entfalten kann. Ich rate Paaren im Fieber, wie ich das gerne nenne, keine schnellen Entscheidungen zu treffen. Erst einmal, weil sie sich meist sowieso nicht daran halten können, zum anderen weil sie dann schlimme Dinge sagen oder tun, die sie später nicht mehr zurücknehmen können. Wenn wir nicht genau wissen, was gut für uns ist, in welche Richtung unser Herz will, dann gehen wir notwendige Umwege.

So erhöhen wir die Chance, etwas Wichtiges über uns und die vielen Seiten in beiden herauszufinden. So wie ein Stein den Berg auch nicht schnurgerade herunterrollt, sondern einen Zickzackweg beschreibt. Das ist paradoxerweise der schnellste Weg, auch in der Physik.

Was hält Paare zusammen und was trennt sie, war eine immer wieder auftauchende Frage in meiner systemischen Therapieausbildung. Wir haben sie nie beantwortet. Es gibt Paartherapeuten, die meinen, dass Paare nicht auseinandergehen müssten, wenn sie genügend an sich arbeiten oder jede und jeder sich selbst mehr liebte. Das muss jedes Paar und jeder Mensch für sich selbst herausfinden. Gleichzeitig sind wir natürlich auch immer eingebunden in einen Zeitgeist, in gesellschaftliche Trends, in einen über uns selbst hinausgehenden Traum, was auch immer die Wirks und Passierchen da mit uns vorhaben.

Ich kenne viele Menschen, die mit jeder Beziehung ein Stück mehr zu sich selbst finden. Sie lernen in und über Beziehungen. Andere Menschen bleiben lange alleine oder ewig zusammen mit einem Menschen, den sie kaum zu lieben scheinen. Alle gehen ihren eigenen und besonderen Weg. Wenn Paare sich eher trennen als andere, dann sagt das vielleicht weniger etwas über die Güte der Beziehung oder die gegenseitige Liebe aus, sondern mehr über die Art des Lernens, das diese Menschen miteinander verbindet und genau diese Entscheidung treffen lässt. Es kann aber auch ein Zeitgeist sein, der zwei Menschen die Trennung leicht macht. Geben Sie sich nicht die Schuld wie auch nicht Ihrem Partner. Nur die Verantwortung will irgendwann getragen werden für die eigenen Wünsche, den eigenen Weg und die eigene Wahl, das gefühlte Ja und auch das gefühlte Nein.

> In einer Trennung gibt es keine Schuld, sondern nur Verantwortung für die eigenen Wünsche und die eigene Wahl.

Den Verbündeten in der Arbeitswelt erkennen

Verantwortung für die eigenen Empfindungen, die eigenen Wünsche und das eigene Nein zu übernehmen, kann in Arbeitssituationen besonders schwerfallen. Arbeitsbedingungen scheinen oft wie in Granit gehauen, sozusagen unveränderlich. In Gruppen, Teams und Familien sind es die Störer, die den Traum oder den Veränderungswunsch der Gruppe am deutlichsten ausdrücken, auch wenn sie noch nicht wissen, was sie da tun, und es auf eine Weise tun, die von den anderen abgelehnt wird. Das Verhalten des Störers ist das Doppelsignal der Gruppe, der unbeabsichtigte Hinweis, dass sich etwas ändern muss.

Fallbeispiel: Nach einem meiner Vorträge machte ich mit einer Teilnehmerin eine kleine Übung, die ich bereits zu Beginn dieses Kapitels vorgestellt habe. Ich fragte die Anwesenden nach Personen, die sie irritieren oder stören oder mit denen sie vielleicht irgendwann einen Konflikt haben könnten. Die junge Frau, ich nenne sie hier Gabriele M., war sehr kritisch und konnte sich nicht vorstellen, wie sie beispielsweise in einem Kollegen, der sich anmaßte, morgens später zur Arbeit zu kommen, und sich dann erst einmal gemütlich hinsetzte und auf seinen Kaffee bestand, einen Verbündeten erkennen sollte. Wenn er dann auch noch mit einem lauten Stöhnen anmerkte: »Jetzt brauche ich erst einmal eine Pause«, würde das von allen Kollegen als Zumutung erlebt. Sie wurde richtig aufgeregt, während wir darüber sprachen.

Eine prozessorientierte Hypothese ist: Es muss etwas Gutes oder eine Essenz an diesem Stören und Stöhnen geben, das vielleicht die Sprecherin, vielleicht aber sogar das gesamte Team gebrauchen könnte. Gabriele M. lehnte das vehement ab.

»Nein, es gibt nichts Gutes daran, es ist einfach nur unverschämt«, bemerkte sie böse, »und ich bin nicht die Einzige, die das so sieht.« Ich ließ mir nun genauer berichten, wie der Tag im Büro begann, und erfuhr, dass durch die Bestimmungen und besonderen Anforderungen jeder Tag mit einem hohen Stresspegel anfinge. Aber dies wäre nun einmal so und niemand könne daran etwas ändern. Es wurde deutlich, dass sie und wahrscheinlich auch ihre Kollegen eine Grenze hatten, die Anordnungen der Vorgesetzten in Frage zu stellen und sich für einen weniger stressigen Arbeitsbeginn einzusetzen. Der Kollege drückte das auf seine Weise unbewusst und für die Kollegen »unverschämt« aus. In der Essenz seines Verhaltens steckte aber ein bedeutsamer Veränderungswunsch, den sie möglicherweise teilten: »Wir brauchen einen angenehmeren Arbeitsbeginn, damit wir mehr Motivation haben, hier zu arbeiten. So können wir stressige Arbeitssituationen zu anderen Zeitpunkten besser überstehen.« Es fehlte aber noch die mutige Kollegin, die sich bewusst dafür einsetzte.

Der Störer im Team von Gabriele M. ist der unbeabsichtigte Bote oder das Doppelsignal der Gruppe, die sich mit der Durchsetzung ihrer Wünsche noch nicht identifizieren kann. Der Störer und die Gestörten im Team stehen an einer Grenze, mutiger zu werden und ihre Müdigkeit oder ihren Ärger über die Arbeitsbedingungen ernstzunehmen. Zur bewussten Identität des Teams

Der Störer oder die Störerin in einem Team, in der Familie oder in der Gemeinschaft sind Boten aus der Traumwelt der ganzen Gruppe.

aber gehört es im Augenblick noch zu sagen: »Wir arbeiten ordentlich und nach den Anweisungen unserer Vorgesetzten. Wer das anders haben will, muss sich eine andere Arbeit suchen ...«

Gabriele M. war im Verlaufe des Gespräches nachdenklich geworden.

Diese Übung mit dem Störer, die wie ein kleines Ratespiel angegangen werden kann, ist immer wieder verblüffend. In einem anderen Vortrag meldete sich eine junge Frau, die gerade voller Begeisterung eine Ausbildung zur Mediatorin machte und sich über das Verhalten einer Kursteilnehmerin beklagte, die andauernd kritisch mit allen Kursinhalten war. Keiner wollte mehr mit ihr zusammenarbeiten. Wir fanden Folgendes heraus: Die Identität der Gruppe drückte sich aus in dem Satz: »Die Ausbildung ist toll und sinnvoll, wir alle tun gemeinsam etwas, damit Menschen sich besser verstehen.« Die Gruppe hatte eine Grenze, kritisch zu sein und sich auch mal nicht zu verstehen. Die angehende Mediatorin konnte nach der kleinen Übung erkennen, dass sie selbst wie auch die Gruppe lernen sollte, einen guten Umgang mit Kritik und Unstimmigkeiten zu finden. Die Gruppe bekommt mit der Kritikerin in der Ausbildungsrunde ein bedeutsames Lernthema geliefert. Die angehenden Mediatoren müssen lernen, mit Streit und Andersartigkeit umzugehen. Die Störerin ist eine Verbündete im gemeinsamen Lernprozess.

Was das Verhalten der Kritikerin seltsam macht, könnten die unbewussten und unbeabsichtigten aggressiven Doppelsignale sein, die sie aussendet. Auch sie hat wahrscheinlich eine Grenze und noch keine Erlaubnis, kritisch zu sein, ohne gleich zur Gegnerin zu werden. Nach der kurzen erkenntnisreichen Unterhaltung konnte die junge Mediatorin einen neuen Blick auf die kritische Kursteilnehmerin werfen und den Traum der ganzen Gruppe in der Essenz ihres Verhaltens erkennen.

Es kann im Alltag sehr hilfreich sein, die Menschen, die stören oder sich befremdlich benehmen, in einer inneren Arbeit genauer unter die Lupe zu nehmen. Die Störer konfrontieren uns mit der Grenze, die wir haben, Forderungen zu stellen, unsere Stärke und Power zu zeigen, Nein oder Ja zu sagen. Auf der »Traumebene« brauchen sich Konfliktpartner gegenseitig, um über ihre Grenzen und damit einen Schritt in ihrem Leben weiter zu gehen.

Fallbeispiel

Ich kann mich an einen Urlaub erinnern, in dem ich mit einem Herrn (er war dummerweise mein Gastgeber) Bekanntschaft machen durfte, der mich zur Weißglut brachte. Er lobte sich permanent selbst, lehnte andere Meinungen laut und auf unverschämte Weise ab und machte mir sehr zu schaffen. Am Tag nach einer lauten Auseinandersetzung in einem Restaurant beschloss ich, in einer inneren Übung die Essenz von dem zu finden, was dieser Mann so unbewusst und störend tat. Wo war die Verbindung zu mir und meinen eigenen Grenzen? Was war gut daran, so überzeugt von sich selbst zu sein und es in die Welt zu posaunen, ohne dabei Rücksicht auf die Meinung der anderen zu nehmen? Ich fand es schnell heraus und hatte ab dem Moment der eigenen Erkenntnis auch kein Problem mehr mit diesem Menschen, was ihn dann in der Folge auch gleich ein bisschen friedlicher machte. Die Essenz für mich war: »Es ist gut, auf das, was mir wichtig ist, auf meine Ideen und Vorhaben aufmerksam zu machen. Auch von kritischen Stimmen lasse ich mich nicht davon abhalten.« Tatsächlich ist es so, dass ich mir häufig viel zu viele Gedanken darum mache, was die anderen denken, ob sie zustimmen werden oder nicht und dann halte ich mich lieber mit meinen Ansichten oder vielleicht sogar mit einem Vorschlag zurück, weil ich keine Ablehnung bekommen möchte.

Interessant ist es, dass der Störer und die Gestörten in der Regel die gleiche Grenze haben. Der Störer, der jede Gegenstimme vernichtend schlagen muss, um eine Meinung durchzusetzen, hat möglicherweise genauso viel Angst vor kritischen Stimmen wie die Person, die sich lieber zurückhält. Beide träumen davon, dass ihre besonderen Gedanken, Ideen und Vorhaben gehört werden und sie dennoch die Wertschätzung der anderen nicht verlieren.

Auf diese Weise können wir den Schatten, über den wir bei den anderen stolpern, anschauen und etwas über uns selbst und unsere Grenzen erfahren. Vielleicht ist es Neid (z.B. »Ich habe viele Wünsche und glaube nicht, dass sie sich erfüllen«), Geiz (etwa »Ich freue mich über meinen Reichtum und gebe meine Schätze nicht leichtfertig weg«) oder Angeberei (möglicherweise »Ich zeige meine Power und Stärke«), was uns ärgert. Bemerkenswert ist, dass uns das Verhalten in der Regel nicht mehr so stört, wenn wir den tieferen Wunsch im Hintergrund begriffen haben und die Grenze benennen können, die wir selbst überschreiten wollen.

Hier noch ein kleiner Hinweis: Wenn wir über die Essenz oder den tieferen Traum eines störenden Verhaltens nachdenken oder bei anderen Doppelsignale bemerken, ist Achtsamkeit gepaart mit Wertschätzung eine gute Haltung, sonst werden unsere Beobachtungen zur Besserwisserei und finden kein offenes Ohr.

»Hilfe, ich werde gemobbt«

Mobbing ist in aller Munde. Es wird viel und in Auseinandersetzungen schnell von Mobbing gesprochen. Ein bekannter deutscher Psychologe wies kürzlich in einem Interview darauf hin, dass manche Menschen sich schon gemobbt fühlen, wenn jemand ihnen nicht zustimmt oder anderer Meinung ist als sie.

Es muss etwas Gutes oder eine positive Essenz darin geben, sich schnell gemobbt zu fühlen wie auch an der Kritik daran. Was Menschen, die sich schnell gemobbt fühlen, und ihre Kritiker miteinander verbindet, könnte eine gemeinsame Grenze gegen Klagen sein. Menschen sollten besser nicht öffentlich auf ihren Schmerz aufmerksam machen. Der tiefere Wunsch, etwas Wichtiges zu beklagen, gehört zu werden und Unterstützung zu bekommen, bahnt sich dennoch einen Ausdruck.

> Menschen haben eine Grenze, auf ihren Schmerz in Arbeitsbeziehungen aufmerksam zu machen. Die Bezeichnung Mobbing gibt ihnen die Erlaubnis dafür.

Hinter einem schmerzhaften Mobbinggeschehen gibt es meist einen verdeckten sekundären Prozess, der nicht nur für das Opfer interessant ist. Auch im schlimmsten Mobbinggeschehen sind die Gegner Verbündete. Wenn ich mit Mobbingopfern arbeite, frage ich meist, was kurz vor den ersten Mobbinggeschichten passiert war: Gab es den Wunsch, den Betrieb zu verlassen? Gab es ein Nein für eine bestimmte Kollegin oder einen Kollegen? Hatte dieses Nein einen Platz? Gibt es irgendein wichtiges Ereignis, das es den Betroffenen schwermachte, auf der eigenen Seite zu stehen oder sich angemessen zu wehren?

Es gab in allen Fällen, die ich kenne, ein bedeutsames, unausgedrücktes oder ungehörtes Nein auf der Seite der Betroffenen. Eine Möglichkeit ist, dass dieses Nein von den anderen, den Gegnern, aufgegriffen wird und sich nach einer gewissen Zeit gegen die Betroffenen richtet. Vermittler in diesem scheinbar paradoxen Geschehen sind hier die eigenen unbeabsichtigten Kampfsignale. Die Kollegen werden übermächtig oder zu Tätern aufgeträumt, den Betroffenen bleibt vielfach nur die Opferrolle mit der Ohnmacht und Schwäche auf ihrer Seite. Manchmal steht eine ganze Kollegenschar auf diese Weise zusammen und macht einer Betroffenen oder einem sogenannten Opfer das Arbeitsleben schwer. Auf diese verrückte Weise werden Kollegen zu Verbündeten und provozieren, was dem Mobbingopfer noch schwer fällt. Das Entwicklungsthema im Hintergrund kann sein: stärker werden, selbst zur Bestimmerin werden, sich *rechtzeitig* gegen unzumutbare Arbeitsverhältnisse wehren usw.

Wenn ich als Opfer schon so weit bin, dass ich nur noch schuldige oder schlechte Menschen um mich herum erkenne, ist es schon zu spät, um die Sache noch in einen guten Griff zu kriegen. Ohne eine Änderung der inneren Haltung, die mir ein Verständnis vor allem der eigenen Seite ermöglicht, komme ich nur schwer aus dem Verletzungskarussell heraus. Für einen neuen Teamgeist aber ist das in solchen Fällen die Voraussetzung. Mobbingopfer wie auch die betroffenen Täter brauchen Unterstützung, um auszusteigen. Bitten Sie Ihre Vorgesetzten um Teamsupervision oder ein Coaching. Gehen Sie davon aus, dass etwas, was Ihnen ganz wichtig ist, auch für das Unternehmen oder die

Organisation unverzichtbar ist. Wenn es einen schwerwiegenden Teamkonflikt oder ein Mobbingthema gibt, dann gibt es sehr wahrscheinlich auch einen institutionellen Traum, auf den Sie mit Ihrem Problem hinweisen. Vielleicht hat die Abteilungsleiterin Sie nicht mehr einstellen wollen, nachdem ihr die Entscheidung vom Juniorchef aufgezwungen worden war. Oder Sie sind ein älterer Angestellter und kämpfen für mehr Achtung dem Alter gegenüber. Es ist egal, um was es geht, es wird einen bedeutsamen Traum im Hintergrund geben und nicht nur Sie werden davon profitieren, wenn Sie ihn kennenlernen. Es ist verrückt, wie sehr wir in unseren Gruppen und Organisationen über kleine, unsichtbare Zahnräder miteinander verbunden sind. Es kann sehr spannend sein, sich das genauer anzuschauen. Ein Tipp für Führungskräfte: Suchen Sie das verborgene Potential in einem Mobbingkonflikt und nutzen Sie es, wenn Sie die Möglichkeit dazu haben.

Wenn Sie betroffen sind und keine Unterstützung bekommen, was leider oft der Fall ist, dann holen Sie sich Hilfe von außen. Tun Sie alles, um selbst stärker zu werden. Das brauchen Sie, um gute Entscheidungen zu treffen. Ein kraftvolles Nein kann neue Wege für passendere Jobs und Lebensmöglichkeiten schaffen.

Fallbeispiel

Ich möchte die Geschichte einer jungen Frau erzählen, die als Leiterin in einer sozialen Einrichtung arbeitet und große Probleme mit ihrem Vorgesetzten hatte. Als sie zu mir kam, hatte sie schon Magenprobleme entwickelt, außerdem war sie kurz vorher in einen gefährlichen Unfall verwickelt worden, der ihre Bewegungsfreiheit einschränkte. Katrin A., wie ich sie hier nennen werde, beklagte sich darüber, dass sie seit Beginn ihrer Anstellung vom Vorstandsvorsitzenden des Vereins, für den sie arbeitete, schlecht behandelt werde. Ihre Arbeit und ihr großes Engagement würden nicht geschätzt, obwohl sie sich sehr viel Mühe gebe. Schnell war deutlich, dass es einen früheren Konflikt gab, den sie nicht zu verantworten hatte, in den sie aber als Dritte hineingeraten war. Sie war nämlich nicht von ihrem direkten Vorgesetzten, sondern vom Geldgeber, in diesem Fall die örtliche Verwaltung, eingestellt worden. Die Abwertung, die sie so deutlich spürte, war auch ein Thema zwischen dem Geldgeber und den Betreibern der Einrichtung. Verblüffenderweise gab es einen gemeinsamen Traum, der sie mit ihrem ärgsten Feind verband: einen tiefen Wunsch nach Anerkennung und Wertschätzung für besonderes soziales Engagement. Die scheinbar persönliche Auseinandersetzung zwischen zwei Menschen in einer Organisation weist häufig auf ein strukturelles Thema oder einen höheren Traum. Im Prozess, in dem sich Katrin in die verschiedenen Positionen einfühlte, wurde deutlich, dass sie dieses Thema für die anderen Beteiligten nicht lösen kann. Ihr Weg in unserer Arbeit war, bewusst aus dem Krisenfeld zwischen Vorstand und Verwaltung herauszutreten. Als sie diesen Schritt symbolisch mit einer Trennungsschnur vollzog, fühlte sie sich unbeschwert und sofort freier.

Wenn Menschen in einen schmerzhaften Konflikt geraten, gibt es häufig ein altes persönliches Thema, dass sie quasi prädestiniert, da hineinzutappen und die Warnlampen zu übersehen. So war es auch bei Katrin A. Sie hatte schon häufig unglückliche Mittlerrollen gespielt, angefangen hatte das in ihrer Kindheit. In der gemeinsamen Arbeit konnte sie erkennen, dass ihr Beitrag zur Lösung das Heraustreten aus der Dreierkonstellation ist: »Ich löse das Problem nicht für euch!« Sie muss Nein sagen zu der verdeckten Mittlerrolle, die sie immer wieder einnimmt. Wenn wir das Bild von den Verbündeten nehmen, dann brauchte Katrin A. diesen Konflikt und die damit verbundenen Menschen, um ein altes Thema zu erlösen.

Das Phänomen des Torhüters

Oft erscheinen uns die Verbündeten in einem Konflikt wie Torhüter, die uns den Weg versperren. Sie wachen scheinbar vor der Tür zu unserem Glück und lassen uns nicht hindurch. In Franz Kafkas Erzählung *Der Prozeß* erzählt ein Geistlicher im Dom dem Protagonisten Josef K. eine Parabel: Ein Mann nähert sich dem Tor zum Gesetz, wird aber vom Torhüter zurückgewiesen. Jahrelang wartet er und bittet um Einlass. Kurz vor seinem Tod fragt er den Wächter, warum niemand außer ihm um Einlass gebeten habe. Der Torhüter antwortet: »Dieser Eingang war nur für dich bestimmt. Ich gehe jetzt und schließe ihn.«

Das ist ein schönes Bild dafür, wie uns manchmal die Verbündeten erscheinen. Sie stehen uns im Weg und lassen uns nicht durch, wir bekommen nicht das Recht, das wir so sehnsüchtig erstreben. Diese Wächter aber sind nur für uns da und die Tür ist nicht verschlossen. Was können wir tun, dass sie uns passieren lassen, uns endlich die Erlaubnis geben, über die ersehnte Grenze zu gehen? Hier eine mögliche Antwort: Indem wir mit ihnen streiten und dabei erkennen, wie wir sie selbst erschaffen? Sie sind ein Teil von uns. Sie erhalten ihre Macht aus unseren inneren Verbotsstimmen. Sie werden genährt von unserer unverbrauchten Stärke, die wir noch nicht fühlen können. Sie zücken ihre Waffen im Rhythmus unserer Angst vor dem, was nach der Grenze kommen könnte. Und vielleicht das Wichtigste: Wir müssen uns mit ihnen auseinandersetzen, auch wenn wir unsere Kraft noch nicht einschätzen können und nicht wissen, ob wir den Kampf gewinnen können.

Fallbeispiel

Ich möchte eine eigene Geschichte erzählen. Zu Beginn der neunziger Jahre arbeitete ich bei einem Bürgerfernsehen im Ruhrgebiet. Und dies mit großer Lust und dem heimlichen Streben, irgendwann auch für professionelle Sender zu arbeiten. Es gab zwei Sektionen: In erster Linie sollten wir Bürgerinnen und Bürger der Stadt unterstützen, ihre eigenen Filme zu machen, dann gab es einen Professionalisierungsbereich mit professionellen Gerätschaften, in dem hochwertige Fernsehproduktionen gemacht werden konnten. Ich sah in den anderen Kollegen, die das professionelle Schnittstudio beaufsichtigten, meine härtesten Gegner. Sie waren meine Wächter vor der Tür zu dem, was ich eigentlich wollte. Ich wollte Dokumentarfilme machen, Fernsehjournalistin werden. Der Kampf war hart, ich litt darunter und sah in den anderen die Schuldigen. Von Doppelsignalen wusste ich nichts. Wenn ich heute daran denke, was ich in dieser Zeit außer Worten an Gefühlen, Gesichtsausdrücken, Gesten von mir gegeben habe, dann möchte ich am liebsten Abbitte leisten. Aber dann denke ich auch wieder daran, dass wir alle in einem ähnlichen Prozess waren.

Die Torhüter, die uns den Eintritt ins Glück versperren, sind nur für uns bestimmt, und die Tür, vor der sie stehen, ist nicht verschlossen.

Alle wollten wir irgendwann professionelles Fernsehen machen. Wir schimpften auf das Sosein und das Verhalten der anderen, setzten uns aber nicht mit dem gemeinsamen Traum und der Grenze, die wir noch hatten, auseinander. Wir kamen alle aus sozialen Berufen und hatten noch keine Identität als Fernsehmacher. Als ich krank wurde, entschied ich mich zu gehen. Ein halbes Jahr später begann ich durch einen glücklichen Zufall im WDR-Studio in Dortmund als freie Mitarbeiterin und Fernsehjournalistin. Ich brauchte den Kampf, um meinen Wunsch kennenzulernen und ernst zu nehmen. Wir brauchten die Zeit, um das scheinbar verschlossene Tor zu öffnen. Mit prozessorientierter Einsicht oder Bewusstheit hätte ich in meinen Streitpartnern wahrscheinlich schneller meine Verbündeten und Torhüter erkannt, die nur für mich bestimmt waren.

Das Herz ist unser stärkster Verbündeter

Oftmals treten die Wächter erst dann zur Seite, wenn wir eine der wichtigsten Fragen für uns beantwortet haben: Sind wir noch auf dem Weg des Herzens oder sind wir es nicht? Was ist uns so wichtig an einem bestimmten Ziel und um was geht es wirklich?

Carlos Castaneda beschreibt in seinem Buch *Die Lehren des Don Juan*, wie der indianische Schamane Don Carlos ihn darauf aufmerksam macht, dass er sich bei einem bedeutsamen Vorhaben immer wieder fragen muss, ob es ein Weg mit Herz ist.

»Wenn er es ist, ist der Weg gut. Wenn er es nicht ist, ist er nutzlos. Beide Wege führen nirgendwo hin, aber einer ist der des Herzens und der andere ist es nicht. Auf einem ist die Reise voller Freude, und solange du ihm folgst, bist du eins mit ihm. Der andere wird dich dein Leben verfluchen lassen. Der eine macht dich stark, der andere schwächt dich.« Diese Stelle hat mich persönlich sehr berührt. Es wurde zu einer Frage, die ich sowohl in der Einzelarbeit wie in Seminaren Menschen immer wieder stelle.

Unser Herz meldet sich, es lässt uns krank werden oder stellt uns Konflikte und Wächter in den Weg, wenn wir vor der Grenzüberschreitung noch etwas Wichtiges zu lernen haben oder wir noch nicht dem Weg unseres Herzens folgen.

Das Herz oder die innere Wahrheit in uns ist der stärkste Verbündete: Sie ist die Stimme, die wir nie ausschalten können. Das ist gut so. Sie wird untrüglich den

Konfliktpartner und Verbündeten im Außen erkennen und uns mit ihm bekannt machen. Vertrauen Sie einfach darauf. Unser Herz wird, wenn die Reise keine Freude mehr macht, die Wirks und Passierchen in unserer Umgebung aktivieren, damit wir die Bekanntschaften machen, die uns weiterbringen. Wenn Sie noch innere Stimmen haben, die nicht mehr zu Ihnen passen, dann werden Sie Menschen kennenlernen, mit denen Sie kämpfen können, um davon frei zu werden. Wenn Sie die Arbeit nicht mehr zufriedenstellt, Sie sich aber noch nicht rühren, dann werden Ihre Kollegen sehr wahrscheinlich das »Nein« aufgreifen und es Ihnen um die Ohren hauen. Und merken Sie sich einfach: Sie selbst sind an all dem mehr beteiligt, als Ihnen zum Zeitpunkt eines Konflikts lieb ist.

Ich habe Menschen getroffen, die relativ einfache Tätigkeiten nicht verrichten oder sich einem Arbeitsplan nicht unterwerfen konnten, auch wenn sie sich noch so anstrengten und sicherlich nicht zu dumm dafür waren. Es gab eine Seite in ihnen, die ausbrechen und etwas anderes tun wollte. Sie machten die Arbeit aus finanziellen Sicherheitsgründen und nicht mehr aus dem Herzen heraus. Weil sie Angst hatten, keine andere und schon gar nicht eine erfüllende Arbeit zu finden, blieben sie oder setzten sich nicht für ein Arbeitsgebiet ein, dass besser zu ihnen passte. Der innere Boykotteur aber klopfte an und machte auf Unstimmiges aufmerksam, indem er die Arbeit verweigerte.

Vorgesetzte und Chefinnen werden dann manchmal zum äußeren Verbündeten. Indem sie mit ihren unwilligen Mitarbeitern darüber sprechen und ihnen vielleicht sogar kündigen, diese dann mit ihnen kämpfen, helfen sie mit an der Verwirklichung von Träumen, mit denen die Mitarbeiter sich noch nicht identifizieren können oder dürfen.

> **Fallbeispiel**
>
> Im Coaching mit einer Unternehmerin – ich nenne sie hier Gela R. – wurde schnell deutlich, dass einer ihrer Vorarbeiter nicht wirklich gerne an seiner Stelle war. Es war kürzlich zu einem Unfall und zu der Verletzung eines Mitarbeiters gekommen, den der Vorarbeiter sicher nicht vorsätzlich verschuldet hatte. Sie spürte sich in seine Position ein und es wurde deutlich, dass er nicht mit ganzem Herzen dabei war und auch nicht loyal mit seiner Arbeitgeberin sein konnte. Gela R. entschied sich, ein offenes Mitarbeitergespräch zu führen und ihrem Vorarbeiter ihre Beobachtungen mitzuteilen. Auch wenn damit nicht immer sofortige Entscheidungen bewirkt werden, kommen Prozesse in Gang, die es Mitarbeitern wie Führungskräften leichter machen, ehrlich miteinander umzugehen und sich entsprechend zu verhalten.

Wenn unser Herz ein wichtiger Verbündeter ist, so ist es im erweiterten Sinne auch unser Körper. Wir werden krank, wenn wir zu lange in Lebenssituationen verbleiben, die uns nicht gut tun. Dann haben wir einen Konflikt mit unserem Körper und er scheint uns vom schönen und gesunden Leben abzuhalten. Wir könnten aber auch im Körper einen Verbündeten sehen, der oftmals einen Prozess, den wir uns in unseren täglichen Geschäften und in unseren Beziehungen noch nicht erlauben, fortsetzt. Wenn Menschen beispielsweise an einem Bandscheibenvorfall leiden, spü-

> Unser Herz und unser Körper sind unsere wichtigsten Verbündeten; wir sollten rechtzeitig auf sie hören.

ren sie oft, dass das kein Zufall ist. Der körperliche Vorfall bringt sie dazu, anzuhalten, Stopp zu sagen und nachzudenken. Genau das kann überlebenswichtig sein. Eine Krankheit bringt uns oft dazu, etwas aufzugeben: unseren Ehrgeiz, unsere Lebenslügen, was auch immer es ist. Manche Krankheiten drohen unser Leben auszulöschen. Wenn Abschied der Weg ist, auf dem wir uns gerade befinden, kann es gut sein, die Frage noch deutlicher zu stellen: Von was könnten wir schon jetzt Abschied nehmen, um wieder mehr mit unserem Herzen und unseren Träumen verbunden zu sein? Das könnten Teile unserer alten Identität sein, die wir aufgeben müssten, um etwas Neues zu wagen und den Weg des Herzens zu gehen.

In die Praxis umgesetzt:

*In einem Menschen,
der stört oder irritiert,
einen Verbündeten erkennen*

- Denken Sie an eine Person, deren Verhalten oder Aussehen Sie gerade jetzt oder in der letzten Zeit irritiert oder gestört hat. Was genau hat dieser Mensch getan oder tut er noch, was Sie aufregt oder verstört?

- Versetzen Sie sich in die Situation dieses Menschen. Was könnte dieser Mensch wirklich wollen, wenn er sich selbst schon besser kennen würde? Oder was würden Sie sich wünschen, wenn Sie ein ähnliches Verhalten zeigten? Lassen Sie jede Wertung nach Möglichkeit weg. Für irgendetwas muss dieses Verhalten gut sein. Es gibt einen guten Grund für dieses Verhalten oder eine Essenz.

- Geben Sie sich die Erlaubnis, das störende Verhalten zu denken und zu spielen. Fallen Ihnen Gesten oder eine Haltung ein, die dazu passen? Gehen Sie durch den Raum und bewegen Sie sich entsprechend.

- Wenn hinter dem Verhalten eine vielleicht verbotene Botschaft stünde, wie könnte die

Botschaft und die Energie, die sie treibt, beschrieben werden? Oder finden Sie einen Namen für die Figur, die diese Botschaft am besten ausdrückt.

- Überlegen Sie, wie Sie selbst in Ihrem Leben dieser Kraft oder Energie mehr Raum geben könnten. Wie drückt das Erlebte einen Prozess aus, der auch in Ihnen bereits begonnen hat? Was will sich gerade mehr entfalten? Wie könnten Sie diesen Prozess noch bewusster in Ihrem Leben unterstützen?

- Schauen Sie noch einmal auf den Menschen, der Sie stört oder irritiert. Spüren Sie jetzt einen Unterschied? Wenn Sie noch böse sind, dann wiederholen Sie die Übung jetzt oder zu einem späteren Zeitpunkt.

Wenn Sie mit der Übung schon gute Erfahrungen gemacht haben, dann können Sie anfangen, auch Störungen und Irritationen anderer Art zu betrachten und deren Bedeutung zu finden. Was könnte die Essenz eines Hauses sein, das Sie unmöglich und deplatziert finden? Welche Kraft könnte sich hinter einem ohrenbetäubenden Lärm verbergen oder hinter einer Krankheit? Und wie wäre es, wenn Sie von dieser Kraft oder Essenz mehr mit hinein in Ihr Leben nähmen?

Im Leben spielen wir viele Rollen

Gerne sprechen wir von Eigenschaften, wenn wir Menschen und ihr Verhalten beschreiben. Der ist so oder so! Menschen sind und werden identifiziert mit Eigenschaften oder Rollen, als hätten sie sich einmalig entschieden so und nicht anders zu sein. Da ist einer der Störer, diese dort eine Draufgängerin, hier ein sturer Alter, in diesem Büro jener der Sündenbock. Selten wird gesehen, dass die Rollen und die dahinter stehenden Positionen nie isoliert betrachtet werden können und ihr systemischer Sinn erst verstanden werden muss, wenn wir wollen, dass Menschen aus alten Rollen aussteigen oder sich verändern. Besonders die ungeliebten Rollen haben eine Botschaft und sind Träger eines bedeutsamen Prozesses der ganzen Gruppe. Erst wenn die Botschaft oder der Sinn dieser Rollen erkannt ist, können Menschen aus alten Rollen aussteigen, die Gruppe – die Familie, das Team oder die ganze Gemeinschaft – lernt sich besser kennen und das, was Menschen unterscheidet, zu akzeptieren. Wenn Menschen sich streiten oder in einem Konflikt stecken, ringen die Rollen, in denen sie stecken, darum, gesehen und verstanden zu werden.

> Besonders Menschen in ungeliebten Rollen ringen darum, dass deren verborgene Botschaft gesehen und verstanden wird.

In seinem Buch *Der Weg durch den Sturm* beschreibt Arnold Mindell, dass die Kräfte eines Feldes sich in Teile oder Rollen polarisieren, »welche untereinander eine Dynamik entwickeln. Rollen sind immer größer als einzelne Menschen, und ein einzelner Mensch ist immer größer als die Rolle, welche er gerade besetzt.«

Das heißt, dass wir nicht alleine entscheiden, welche Rollen wir in unseren Gruppen besetzen. Das hängt vom Feld und von den Rollen ab, die schon besetzt sind. Zu mächtige und große Rollen in einem Feld provozieren die Entstehung neuer Rollen, die auf der anderen Seite des Pols angesiedelt sind. Eine übergroße Freizügigkeit wird Ordnungshüter, kriegerische Rollen werden Friedensbewegte, Sauberkeitsfanatiker werden Menschen wider den Sauberkeitswahn auf den Plan rufen. Auch wer sehr mit seiner Rolle identifiziert ist, kann in völlig neue Rollen hineinschlüpfen und deren Werte hochhalten, wenn sich der Zeitgeist ändert oder andere Gegebenheiten in der Gruppe dies erfordern. Die gleiche Person verhält sich dann auf eine Weise, die vorher unmöglich schien.

Fallbeispiel

Ich erinnere mich an eine Reise durch den Norden Brasiliens Anfang der 80er Jahre. Wir waren mehrere junge Frauen und verbrachten einige Tage in einem kleinen Haus am Strand. An einem Tag kauften wir frischen Fisch, doch nachdem eine der Frauen von einem noch lebenden Fisch aus der Plastiktüte heraus ins Bein gebissen worden war, wollte erst keine von uns die Fische ausnehmen. Ich spürte plötzlich eine Beherztheit in mir, nahm die recht großen und noch lebenden Meerestiere in die

Hand und tat, was zu tun war. Kein Ekel war in mir, ich wurde zur Mutter dieses Abends und während die anderen noch kreischten und die Augen verdrehten, fühlte ich mich stark und von meiner Aufgabe erfüllt. Nie mehr danach habe ich Fische getötet oder sie ausgenommen. Es war eine Sonderrolle, die mir der Nordosten Brasiliens, die Fische und die kreischenden Frauen an diesem Abend beschert hatten.

Vielleicht kennen Sie solche Situationen in Ihrem Leben und wundern sich dann auch manchmal über andere oder sich selbst. Denken Sie an eine Diskussion: Wenn einer aus der eigenen Reihe eine extreme Position einnimmt, dann spüren Sie möglicherweise ein Bedürfnis danach, auf die andere Seite zu springen und für den nötigen Ausgleich zu sorgen. Das kann so weit gehen, dass Sie, ohne es zu merken, plötzlich eine Position vertreten, die Sie in die Nähe Ihrer politischen Gegner rücken lässt. Dieses Phänomen des Rollen- oder Positionswechsels ist in Gruppen völlig normal. Es passiert ohne bewusstes Zutun und kann sehr überraschend sein. Rollen entstehen durch Polarisierung und streben immer einen Ausgleich an.

Wenn eine Gruppe z.B. sehr einseitig auf Ordnung bedacht ist, was ein wichtiger Bestandteil ihrer Identität und historisch bedingt sein kann, ist die Wahrscheinlichkeit hoch, dass Menschen aus dem inneren Kreis oder von außen zu Ruhe- und Ordnungsstörern werden. Es muss einen unbewussten Traum der Gruppe geben, weniger ordentlich zu sein und lebendiger zu werden, was dann die polarisierenden Rollen entstehen lässt. Die Gruppe wird, weil sie ihre bestehende Identität noch nicht aufgeben kann, ihrerseits eine Tendenz haben, die Störer zu ermahnen oder zu eliminieren. Dies wird die Störer noch unverschämter und störender werden lassen. Beide, die Störer und die gestörte Gruppe, werden denken, dass sie auf keinen Fall so sein wollen wie die anderen, und merken dabei nicht, wie sehr sie verbunden sind. Es gibt einen gemeinsamen sekundären oder unbewussten Prozess im Hintergrund, der das Rollentheater im Vordergrund mitbestimmt. Es muss auch in der Gruppe der Ordnungsliebhaber Menschen geben, die sich mehr Freiheit und Flexibilität wünschen, aber noch eine Grenze haben, dafür geradezustehen. Die Kraft des Störers kommt aus dem Feld und wird gespeist aus den Träumen und Veränderungswünschen der ganzen Gruppe.

Die Kraft kritischer Rollen wird gespeist aus den Träumen und Veränderungswünschen der ganzen Gruppe.

Wenn wir von der Doppelmoral einer Gesellschaft oder einer Gruppe sprechen, haben wir es oft mit solchen Feldphänomenen und unbewussten Prozessen zu tun. Wir sprechen beispielsweise von der Doppelmoral der Männer, die auf der einen Seite für Ruhe und Ordnung sorgen und sich für ein christliches Familienleben stark machen, dabei die Treue ihrer Ehefrauen einfordern, und auf der anderen Seite im Rotlichtmilieu ihre besondere Rolle spielen. Zur vordergründigen Identität dieser Herrschaften gehört es, ein ordentliches und ruhiges Leben zu führen, das rote Licht gehört zum Traumreich und dazwischen liegt eine unüberbrückbare Grenze. Um diese zu überwinden, braucht es die Rolle des Anklägers oder die Kämpferin gegen die »herrschende Doppelmoral«. Diese Rolle ist interessant: Die Anklägerin zerrt die Spaltung ans Licht und fordert, dass sich die Ordnung mit einer neuen sexuellen Freiheit verbindet und dies nicht nur für die Männer. Die Anklägerin oder der Aktivist tauchen auf, wenn ein wichtiger neuer Schritt in der Gesellschaft ansteht, es aber noch eine Grenze dagegen gibt. Hinter solchen Rollen stehen mächtige Veränderungswünsche der ganzen Gesellschaft. Es ist gut, sie zu hören und ernst zu nehmen, bevor sie gewalttätig werden.

Nehmen wir das Feld ernst, das seine Rollen präsentiert und hervorruft, dann ist es naheliegend anzunehmen, dass wir alle Rollen brauchen, die in einem Feld und zu einem bestimmten Thema in einer Gruppe erscheinen. Alle Rollen tragen einen Teil des inneren und äußeren Prozesses des Feldes. Wenn wir verstehen wollen, was passiert, müssen wir alle Rollen zunächst einmal tolerieren, auch wenn sie uns nicht gefallen oder Menschen in diesen Rollen Dinge tun, für die unsere Gesellschaft sie bestrafen muss.

»Dazu gehört nach meiner Erfahrung vor allem eine bestimmte Einstellung«, schreibt Arnold Mindell, »die Haltung der Tiefen Demokratie, welche unerschütterlich an die Wichtigkeit aller Teile eines Ganzen glaubt, an die Bedeutung aller unserer Persönlichkeitsanteile und aller verschiedenen Sichtweisen in der Welt um uns herum.«

Die Frage ist dann nicht mehr, welch ein Idiot oder Wahnsinniger tut dies oder das, sondern: Zu welch einem Zeitpunkt und in welcher Kultur, in welch einer Gruppe, einem Team, einer Familie macht ein Mensch dieses oder jenes? Was für eine Rolle spielt dieser Mensch bezogen auf das Ganze? Was ist sein verborgener Traum im Hintergrund, den er wahrscheinlich selbst noch nicht kennt? Träumen wir mit ihm? Wie könnten wir alle uns verändern und ihn unterstützen, ein neues oder anderes erfolgreicheres oder gewaltfreieres Verhalten zu zeigen?

In Familien übernehmen Kinder häufig Rollen, die im System nicht repräsentiert sind. Sie kümmern sich dann um die Eltern, die mit sich selbst nicht klar kommen, oder sie werden zu Störern, die das Familiensystem durchrütteln und mit ihrem Verhalten den unbewussten Traum der Familie aufgreifen. Wenn Kinder psychisch krank werden oder auffälliges Verhalten zeigen, machen sie möglicherweise auf ein ungesundes und krankmachendes System und die Veränderungswünsche in der Familie aufmerksam. Deswegen raten Familientherapeuten in vielen Fällen davon ab, nur die Kinder zu behandeln. Man gibt ihnen damit zu viel Verantwortung für das familiäre Beziehungsproblem und aus prozessorientierter Sicht für die Entwicklung des verborgenen Traums der Familie.

Nehmen wir wieder das Ordnungsbeispiel. In einer Familie, die sehr ordnungsliebend ist und in der die Eltern jede freie Lebensäußerung mit ihren Regeln ersticken, könnte ein Kind die Rolle des Quertreibers und Störenfrieds übernehmen, eine Rolle, die gebraucht wird, damit die Familie sich verändern kann. Das kann so weit gehen, dass die Eltern beginnen, ihr Kind zu hassen und es am liebsten irgendwo abgeben würden. Sie verstehen nicht, wie ihr Kind sich so gegen die herrschende Regel entwickeln kann. Die Eltern brauchen Unterstützung dabei, ihre eigenen Grenzen zu überschreiten und lebendiger zu werden, dann können die Kinder aus ihren Rollen aussteigen.

In der systemischen Familientherapie und -beratung achten die Therapeuten sehr darauf, Familienmitglieder nicht zu entwerten, indem ihnen Eigenschaften zugesprochen werden: »Er ist gewalttätig«, »sie ist penetrant« oder »sie sind Lügner«. Das sind Zuschreibungen, die nicht berücksichtigen, dass Menschen sich verändern können, beispielsweise wenn wir anders mit ihnen umgehen. Spannender ist es zu fragen: Was tut ein Mensch zu einem bestimmten Zeitpunkt und wie fühlen und reagieren die anderen? Auf diese Weise werden Eigenschaften zu Verhaltensweisen verflüssigt und wieder in einen Kontext gestellt, für den der Einzelne nicht alleine verantwortlich ist. Verhaltensweisen – so die prozessorientierte Erweiterung – gehören zu Rollen, die in bestimmten Zusammenhängen in Abhängigkeit von der Gruppe, ihrer Identität, an bestimmten Orten und zu bestimmten Zeitpunkten auftauchen. Das prozessorientierte Rollenkonzept hat meine systemische Haltung sehr bereichert. Verhaltensweisen werden in einem Kontext gesehen und gleichzeitig Rollen zugeordnet, deren Bedeutung mehr ist als die Summe der sie stabilisierenden Verhaltensweisen. Ein Rollenkonzept macht es möglich, den einzelnen Menschen, seine Gemeinschaften und ihre Auseinandersetzungen und Kämpfe miteinander viel besser zu verstehen. Rollen und Figuren können sein: Opfer und Täter, der Sün-

> Wenn wir Menschen schlechte Eigenschaften vorwerfen, berücksichtigen wir nicht, dass sie sich verändern können, wenn wir anders mit ihnen umgehen.

denbock, der Herr und sein Knecht, der Terrorist und seine Opfer und viele andere mehr.

Rollen haben häufig eine mythische oder archetypische Verknüpfung mit Bildern und Geschichten, die sehr alt sein können. So könnte ein Sozialaktivist mit einer gewalttätigen Tendenz, die uns Angst macht und beeinträchtigt, mit Robin Hood oder einer anderen Figur im Hintergrund identifiziert sein. Solche Rollen können nicht leichtfertig von ihren Trägern aufgegeben werden. Wenn Menschen an destruktiven oder unsinnig erscheinenden Verhaltensweisen festhalten, können wir versuchen, die Rolle zu finden, die ihnen dieses Verhalten nahelegt. Die Frage ist dann: Für was wird diese Rolle im Feld oder in Teilen des Feldes gebraucht? Was ist die Essenz dieser Rolle? Wie könnte die Gruppe, die Familie oder das Arbeitssystem diese Essenz gebrauchen und ins Leben nehmen? Wie können wir alle ein wenig mehr wie Robin Hood werden und nicht nur an das eigene Wohlergehen denken? Wird das herausgefunden und gewürdigt, können die Menschen aus schwierigen Rollen aussteigen oder schneller und bewusster einen Rollenwechsel vollziehen.

Aus alten Rollen aussteigen

Fallbeispiel

Kürzlich kam das dreiköpfige Team einer wissenschaftlichen Abteilung zu einem Konfliktcoaching: zwei Männer und eine Frau. Die beiden Männer hatten ein Problem mit der jüngeren, sehr engagierten Mitarbeiterin und schimpften über deren »distanzloses« Verhalten.

Alle drei fühlten sich miserabel, versuchten sich aus dem Weg zu gehen, verschwendeten aber viel Zeit damit, über das Arbeitsverhältnis nachzudenken oder im Freundeskreis und in der Familie darüber zu sprechen. Die beiden Kollegen hatten sich gegen die junge Mitarbeiterin verbündet. Die junge Frau war sehr bemüht, es ihnen recht zu machen, sie wünschte sich eine bessere Zusammenarbeit mit ihren Kollegen, kam ihnen wahrscheinlich deswegen zu nah und verstand nicht, was diese gegen sie vorzubringen hatten.

Ich fragte nach der ersten Begegnung: Was war passiert? Hatte es Irritationen in ihrem ersten Kontakt gegeben? Wie wurden sie einander bekannt gemacht? Häufig stecken ja in den ersten Minuten schon bedeutsame Informationen über das weitere Geschehen. Ein Mitarbeiter erinnerte sich, wie er vom Leiter der Einrichtung quasi überredet wurde, seinen Computer für sie frei zu machen, damit sie sofort mit ihrer »wichtigen Arbeit« beginnen konnte. Als sei seine Arbeit weniger wichtig. Er habe sich nicht dagegen wehren können und sei sich wie ein kleiner übergangener Junge vorgekommen.

Das war interessant und so sprachen wir über die langjährige Beziehung der Mitarbeiter zu ihrem Chef. Dabei kam heraus, dass sie schon als Jugendliche ehrenamtlich dort angefangen hatten zu arbeiten und der Leiter wie ein Vater oder Lehrer für sie gewesen war. Ich folgte einer Eingebung und bat die Kollegin, sich für eine Weile weiter weg zu setzen. Nun schien es gar nicht mehr um den Streit mit der Kollegin zu gehen. Die Männer bemerkten, wie wichtig es für sie war, aus einer alten und nicht mehr passenden Rolle, der Rolle des Schülers, auszusteigen. Von der neuen Kollegin konnten sie mehr Respekt einfordern, ohne länger auf sie böse zu sein. Die junge Kollegin war die Störerin gewesen, die Verbündete ihrer Kollegen, die mit ihrer Rolle darauf aufmerksam machte, dass sich etwas Neues entwickeln muss und die alte Schülerrolle nicht mehr passte.

Wenige Wochen später kam der Leiter der Einrichtung zu einem Coaching, um die gemeinsame Konfliktarbeit zu vervollständigen. Er berichtete, wie gut es den Mitarbeitern nach der Konfliktberatung miteinander gehe. Auch für ihn war es hilfreich und interessant, die eigene und die Rollen seiner Mitarbeiter im Hintergrund des Konflikts und weitere verborgene Entwicklungswünsche in seiner Abteilung zu entdecken.

Wenn Menschen die Rollen im Hintergrund eines Geschehens sehen können und damit die eigenen wie die fremden Verhaltensweisen begreifen, ist es leichter, eine neue Haltung einzunehmen. Das Verhalten der anderen muss dann nicht mehr so persönlich genommen werden. Schon alleine das Sprechen darüber lässt Menschen ruhiger werden und aus der Gegnerschaft heraustreten.

Wenn wir die Rollen im Hintergrund eines Geschehens sehen und verstehen, können wir eine neue Haltung einnehmen, die alles verändert.

Fallbeispiel

Ich erinnere mich an die Mitarbeiterin einer wissenschaftlichen Abteilung, die mit ihrem Chef haderte, weil er ihre sicherlich guten Ideen für eine weniger schulmedizinisch ausgerichtete Arbeitsweise nicht annehmen konnte und wollte. In der Systemaufstellung wurde schnell deutlich, dass ihr Chef aus einer besonderen Rolle nicht aussteigen konnte und das völlig unabhängig von seiner persönlichen Meinung zu ihren Vorschlägen. Er war zu diesem Zeitpunkt dabei, eine neue Abteilung innerhalb alter wissenschaftlicher Systeme aufzubauen und zu etablieren. Wäre er den Vorschlägen der Mitarbeiterin gefolgt, hätte er damit sehr wahrscheinlich den Erfolg der Abteilung im schulmedizinischen Kontext gefährdet. Mit dieser Erkenntnis konnte die junge Mitarbeiterin eine völlig neue Haltung einnehmen und musste sich auch nicht mehr schlecht fühlen, weil sie den Zuspruch und das Okay ihres Chefs für ihre besonderen Vorschläge und neuen Ideen nicht hatte. Nun war Raum an einem anderen hintergründigen Thema zu arbeiten: der mangelnden Anerkennung durch ihren Vater.

Dieser Systemebenenwechsel wird in einer beruflichen Beratung häufig vollzogen. Kommt es in beruflichen Zusammenhängen immer wieder zu Zwistigkeiten mit Vorgesetzten, gibt es oft einen Zusammenhang mit dem Herkunftssystem, der Familie. Eine alte Sehnsucht nach mehr Wertschätzung und Gesehenwerden von den Eltern oder anderen wichtigen Bezugspersonen drückt sich gerne in Arbeitskonflikten aus. Dann geht es darum, sich alte Rollen im Familiensystem anzuschauen und zu verstehen, wie deren Wünsche noch heute um Verständnis und Beachtung ringen. Wird ein altes Missachtungsmuster aus der Kindheit verarbeitet und verstanden, ändern sich auch die Konstellationen im Arbeitssystem. In der Regel wird die eigene Kraft mehr gespürt und die Abhängigkeit von der Zustimmung der Vorgesetzten und Kollegen lässt nach.

Fallbeispiel

So erging es auch Anke W. nach einem Konfliktcoaching. Sie ist selbst Leiterin einer Abteilung und wünschte sich eine bessere Zusammenarbeit mit dem Geschäftsführer des Unternehmens, als sie zu mir kam. Sie litt darunter, von ihrem Chef nicht gehört und ausreichend unterstützt zu werden. Ihr wurde schnell deutlich, dass sie ihrem Chef gegenüber in eine alte und nicht mehr passende Rolle fiel: die Rolle der kleinen abhängigen Tochter, die große Anstrengungen unternehmen muss, um auf sich aufmerksam zu machen. Wenn sie in dieser Rolle war, blieb von der starken, erwachsenen Anke W. nicht mehr viel übrig. Durch einen bewussten Wechsel auf die Seite ihres Geschäftsführers konnte sie spüren, wie sehr ihn die Rolle des vorwurfsvollen Kindes irritierte. Erst wenn sie ihm mit all ihrer Stärke und ihrem Wissen entgegentrat und sich um ihren schwächeren Persönlichkeitsteil selbst kümmerte, wurde er kooperativ. Das konnte sie deutlich fühlen, als sie in seine Position trat.

In einem Gespräch über die Veränderung nach dieser einmaligen Konfliktarbeit berichtete sie, dass sie eine Auseinandersetzung mit ihrem Chef jetzt nicht mehr so persönlich nehme: »Es macht mich nicht mehr fertig und lässt mich auch nicht mehr an mir selbst zweifeln«, berichtete sie froh. Dadurch hat sie heute eine andere innere Verhandlungsposition als Führungskraft im Unternehmen und kann sich für bessere Arbeitsbedingungen in ihrer Abteilung wie auch für neue Ideen und Projekte überzeugter und gleichzeitig geduldiger einsetzen.

Der Sündenbock will zu viel

Eine Rolle, die Menschen sehr leiden lässt, ist die Rolle des Sündenbocks. Ein Mensch in dieser Rolle macht nichts wirklich richtig, er kann sich noch so anstrengen, er wird nicht gelobt, sondern stattdessen zum Opfer von Aggressionen, und schreit irgendwann nach Gerechtigkeit. Gehört wird er oder sie in der Regel nicht. Der Sündenbock ist sich keiner Schuld bewusst und doch wird sie ihm gegeben für die Fehler und Misserfolge anderer. Für Konflikte wird er verantwortlich gemacht, auch wenn er sie nicht angezettelt hat. Der Rollenbesetzung haftet etwas Ungerechtes an.

Der Begriff Sündenbock hat einen biblischen Ursprung. Am Tag der Sündenvergebung werden die Sünden des Volkes Israel symbolisch auf einen Ziegenbock übertragen. Mit dem Vertreiben des Bocks in die Wüste werden diese Sünden ebenfalls verjagt.

Einer Anmerkung von Max Schupbach in Berlin verdanke ich den Hinweis, dass die Rolle des Sündenbocks in Arbeitsbeziehungen, aber auch in anderen Beziehungswelten, meist von Personen besetzt wird, die mit ihrem Verhalten unbewusst und verdeckt eine wichtige Rolle übernehmen, die im Feld gebraucht wird. Fehlt in einem Team die Leitung, geben sie beispielsweise gute Ratschläge und wissen genau, was getan werden müsste. Fehlen in einer Familie die sich kümmernden Eltern, geben sie den Kindern Nachhilfe. Sie sind überzeugt von der Richtigkeit ihrer Ratschläge oder Bemühungen, es gibt nur ein Problem:

> In die Rolle des Sündenbocks geraten Menschen, die unbewusst eine Rolle übernehmen, die in der Gruppe oder Organisation gebraucht wird.

Sie haben keine Erlaubnis der Eltern, der Gruppe, des Teams oder der Organisation zu tun, was sie tun, und ihr Verhalten und ihre gut gemeinten Ideen werden mit hoher Wahrscheinlichkeit als übergriffig erlebt. In der Folge hatte ich mehrere Male die Gelegenheit, das Leid von Menschen in dieser Rolle und deren Funktion in der Gruppe und für das Ganze besser zu verstehen.

Fallbeispiel Ich erzähle die Geschichte einer Bekannten, ich nenne sie hier Doris E., die in einem besonderen Arbeitskonflikt feststeckte und dabei die fieseste aller Rollen zugewiesen bekam, die Rolle des Sündenbocks. Ihr wurde die Schuld dafür gegeben, dass das Team nur noch begrenzt arbeitsfähig sei. Sie fühlte sich schon nach kurzer Zeit nicht mehr wohl, schließlich gemobbt und ungerecht behandelt, alles was dazugehört. Was war geschehen und was war in der Organisation so, dass sie mit ihren eigenen Geschichten und Wünschen in diese Rolle so genau hineinpasste?

Ich fasse zusammen: Sie arbeitete in einem Team ohne Teamleitung. Die Geschäftsführung, die in der Organisation des Trägers sitzt, schaute von weit draußen auf das Team. Doris E. bemerkte schon kurz nach ihrer Anstellung Schwächen im Team, in den Arbeitsabläufen und hatte viele Ideen, wie das Team besser damit umgehen könnte und was verändert werden sollte. Um nicht zu aufdringlich zu erscheinen, hielt sie sich mit ihren Vorschlägen zurück oder packte sie zwischen ihre sonstigen Bemerkungen. Insbesondere mit einer Kollegin, die den höchsten Status im Team hatte, hatte sie schnell erste Auseinandersetzungen. Sie hielt sich in der Folge noch mehr zurück, fühlte sich aber zunehmend unwohl und schließlich von einigen Kollegen geschnitten. In der Teamsupervision wurde der Konflikt zögerlich angesprochen. Doris E. bekam den schwarzen Peter zugeschoben. Die anderen beklagten sich, dass mit ihr nicht gut arbeiten sei. Wenige Wochen später »litten« alle Mitarbeiter der Einrichtung an dem Konflikt, ohne genau beschreiben zu können, woran eigentlich. Eine zusätzliche Teamberaterin wurde von außen hinzugezogen mit dem traurigen Ergebnis: Alle inklusive des Supervisors und der Beraterin sind jetzt von Doris E. und ihrer Schuld oder Verantwortung für diesen Konflikt überzeugt. Sie erhielt schon erste Abmahnungen und schaltete daraufhin einen Rechtsanwalt ein.

Als Bekannte bot ich Doris E. an, uns das Teamtheater einmal genauer anzuschauen. Sie versetzte sich in die verschiedenen Rollen und schaute sich auch die eigene Geschichte noch einmal an. Um welche Entwicklungswünsche, eigene wie auch organisatorische, könnte es gehen? Welche Rollen kämpfen miteinander? Wir kamen zu folgenden Ergebnissen: Das Team braucht eine Teamleitung. Doris E. hat durchaus Leitungsfähigkeiten, kann diese aber im Team nicht einbringen, da sie dort keine entsprechende Stelle hat. Da sie vieles sehr kritisch und aus der Perspektive moderner Qualitätsanforderungen an soziale Arbeit sieht, werden ihre Verbesserungsvorschläge als anmaßend erlebt. Sie ist die Störerin, die die alte Identität des Teams und alte Abläufe aus der Gründerzeit in den achtziger Jahren in Frage stellt. Als Störerin repräsentiert sie möglicherweise den unbewussten Prozess des Teams und der Organisation, die sich verändern und eine neue Qualität in ihrer Arbeit finden muss. Sie bemüht sich trotz der Anfeindungen, freundlich zu bleiben, und will sich ihre Gefühle und auch ihre Gedanken über die anderen nicht anmerken lassen. Wir wissen, dass das selten gut geht. Die Doppelsignale und die Reaktionen der anderen darauf sprechen immer eine andere Sprache.

Gibt es einen persönlichen Traum von Doris E.? Generell wünscht sich Doris mehr Übernahme von Verantwortung, sie könnte ihre besonderen und herausragenden Qualitäten beispielsweise in einer Leitungsposition entfalten. Vielleicht müsste sie dafür die Stelle verlassen. Was sie daran noch hindert, sind nicht nur die Kollegen, sondern es sind auch ihre eigenen inneren Grenzen, die sie noch nicht überschreiten kann. Außerdem hat sie als allein erziehende Mutter ein großes Bedürfnis nach finanzieller Sicherheit, die sie nicht aufgeben will. So macht sie gute Miene zum bösen Spiel, aber mit der guten Miene kann es in einem solch schmerzhaften Konflikt gar nicht klappen. Die Kollegen reagieren auf ihre Doppelsignale, die ausdrücken: Ihr seid dumm, ignorant, ich mag euch nicht leiden und würde diesen Arbeitsplatz sofort verlassen, wenn ich ein besseres Angebot bekäme. Kürzlich hatte ich ein Telefonat mit ihr und sie stellte die Frage, wie Menschen so fies und ignorant sein können und nicht merken, was sie da tun. Das ist eine interessante Frage. Sie meinte natürlich die Kollegen, die sich wahrscheinlich ähnliche Fragen stellen. Ich bin mir sehr sicher, dass sie ebenfalls die schlechteste Meinung von Doris haben.

Wenn sich ein Konflikt so zugespitzt hat, ist es müßig, sich auf der Ebene der beobachtbaren Ereignisse und persönlichen Einschätzungen zu bewegen und dort auf gute Antworten oder Lösungen zu hoffen. Sie werden nicht vorbeigeflattert kommen, auch wenn die eine oder andere Seite beeindruckt von der eigenen Sichtweise ist. Supervisoren und Konfliktberater müssten sich die Rollen im Hintergrund anschauen, und die Essenz dessen, was diese Rollen wollen und fühlen. Oder sie müssten sich für eine Weile auf die Seite von Doris stellen, um sie und ihre Reaktionen besser zu verstehen. Erst dann haben sie eine Chance zu begreifen, was auf der Ebene der Ereignisse passiert, welche Veränderungswünsche und Träume im Hintergrund aktiv sind und in der beobachtbaren Wirklichkeit auf so verkappte und verdrehte Weise anklopfen. Doris E. braucht keine Kritik, sie braucht Unterstützung. Sie kämpft für mehr als nur ein freundliches Verhalten ihrer Kollegen, auch wenn sie das selbst so formulieren würde. Und die anderen brauchen Unterstützung darin zu verstehen, wogegen sie sich wehren. Eine bloße Schlichtung lässt die Rollen im Hintergrund und ihren Traum, von dem sie erzählen möchten, ungehört, und funktioniert auch nicht mehr, wie das Ergebnis zeigt. Doris E. hat sich einen Anwalt geholt, der sie unterstützt. Die Rolle des Anwalts wird also gebraucht. Da sie ihn im Arbeitssystem nicht findet, muss sie von außen anheuern. Nur so hat sie einen Menschen auf ihrer Seite und der Kampf kann in die nächste Runde gehen. Wegen der Freundschaft, die mich mit Doris E. verbindet, kam ich in diesem Fall als Konfliktberaterin nicht in Frage. Schade.

Die Rolle des Anwalts ist interessant. Meine These: Überall, wo Anwälte in Konflikten auftauchen, brauchen Menschen Unterstützung, jemanden, der sich auf ihre Seite stellt und mit ihnen gemeinsam kämpft: um die Erlaubnis und das Recht, so zu denken und zu fühlen, wie sie es gerade tun.

Ähnliche Geschichten passieren in Arbeitswelten häufig und als beste Lösung erscheint meist die Kündigung der Störerin oder des Sündenbocks. Der Schatz aus dem Traumreich der Organisation wird nicht bewusst gehoben. Leider schauen herkömmliche Konflikttrainings zu sehr auf die Kommunikationsdefizite Einzelner, statt nach den Träumen oder Veränderungswünschen im Hintergrund einer Auseinandersetzung zu fragen.

Arbeitskonflikte sind schwer auszuhalten und auszutragen. Ich selbst habe schon in einigen Teams als Supervisorin gearbeitet, die Konflikte nur ansprechen konnten, wenn die Menschen, mit denen sie ein Problem haben, nicht da waren. Manchmal wurde ausgemacht, »bei der nächsten Supervisionsrunde sprechen wir es sicher an«, dann aber konnten sie es nicht tun und gaben mir auch keinen Auftrag, daran zu arbeiten. Das braucht manchmal Zeit. Viele Menschen halten den eigenen Schmerz und die Wut der anderen nicht aus. Oder sie fürchten sich vor Abwertung, Schuldzuweisungen oder einer Niederlage.

Ein guter Umgang mit Rang, Status und Privilegien

In den meisten Konflikten spielen Rang- und Statusprobleme eine große Rolle. Wir sehen den Rang der anderen und unterschätzen den eigenen. Viele Konflikte im Familienleben und am Arbeitsplatz würden sich erübrigen, wenn wir den eigenen Rang und die Macht und Stärke, die er uns verleiht, erkennen könnten. Ein bewusster Umgang mit Rang ist nicht leicht.

Was ist Rang? Als Rang können wir die Summe der Privilegien ansehen, die Menschen in einer Gruppe oder Gesellschaft haben. In westlichen Gesellschaften gehören beispielsweise Hautfarbe, Herkunft, Geschlecht, Sexualität, Beruf und Ausbildung, Reichtum, Aussehen, Alter und Religion zu dem, was Menschen Rang und damit Status verleiht. Jede Gruppe organisiert den Status ihrer Mitglieder. In einer von lesbischen Frauen organisierten Kneipe beispielsweise haben Männer weniger Rang als Frauen. Es gibt verdeckten Rang, den die Träger oft selbst nicht kennen, aber durch einen bestimmten Kommunikationsstil stützen, den die einen beherrschen und andere nicht. Rang wird zum Doppelsignal, wenn wir ihn selbst nicht bemerken und keinen bewussten Umgang damit finden.

Auch in dem obigen Arbeitsplatzbeispiel ist ein Rangthema oder vielleicht sogar mehrere eingewoben. Doris E. bemüht sich noch sehr zu betonen, dass sie einfach eine Kollegin ist, die gut mit ihren Kollegen zusammenarbeiten will, auf gar keinen Fall will sie sich hervortun. Tatsächlich ist sie aber hervorragend, sie sieht viel, sie weiß viel und sie ist sehr kritisch mit ihren Kollegen. Wenn sie ihren Rang durch Erfahrung und Wissen schon erkennen und sich deutlicher von den anderen abheben dürfte – hierzu benötigt sie auch die eigene innere Erlaubnis –, dann bräuchte sie sich nicht schlecht zu fühlen, wenn die anderen sie nicht verstehen wollen. Wahrscheinlich aber müsste sie dann auch Konsequenzen ziehen und den Arbeitsplatz verlassen, weil sie mit viel zu wenig institutionellem Rang ausgestattet ist und nicht vernünftig und gemäß ihren Einsichten arbeiten kann. Aber auch die Kollegen haben kein Gespür dafür, wie stark sie sind. Sie haben die Gruppe, den Geschäftsführer und die Berater hinter sich stehen, genießen also Rang durch soziale Unterstützung. Das macht sie mächtig und bringt sie dazu, ihre Macht unwissentlich zu missbrauchen. Ein zweites Rangthema ergibt sich aus der Tatsache, dass Doris eine Frau ist. Ein Mann in ihrer Position und mit ihrem Wissen würde sehr wahrscheinlich nicht so lange in einem solch abwertenden Arbeitsverhältnis verharren. Als allein erziehende Mutter hat sie in unserer Gesellschaft wenig Rang und ist mit vielen anderen Frauen von Armut bedroht, das lässt sie im Arbeitssystem bleiben.

Wenn wir unbewusst mit unserem Rang, unseren Privilegien oder unserer Stärke umgehen, schüren wir Konflikte.

Rang, Status und Privilegien – ich treffe immer wieder Menschen, die darüber nicht gerne sprechen. Als sei es anrüchig, einen hohen Status oder Rang zu haben und sich zu diesem zu bekennen. Ich bin Europäerin, Deutsche, meine Hautfarbe ist weiß, ich habe Psychologie studiert, eine Ausbildung, die in den letzten Jahrzehnten an Status gewonnen hat. Ich bin meine eigene Chefin und so frei, wie Frauen meiner Herkunft, als Tochter einer Winzerfamilie, sich früher nicht fühlen konnten. Ich habe als Autorin und Psychologin viele Jahre fürs Fernsehen gearbeitet. Freue ich mich darüber? Lange Zeit lieber nicht zu laut. Feiere ich mich deswegen? Bin ich besonders? Na, ich weiß nicht, höchstens im Geheimen denke ich das manchmal und würde doch am liebsten diesen Satz gleich wieder streichen.

Den eigenen Rang annehmen und sich über die Vorzüge freuen, damit haben es viele Deutsche und ich auch nicht leicht. Es ist viel Schreckliches passiert, weil Deutschland mehr als zehn Jahre in dem Massenwahn lebte, ein biologisches Recht auf mehr Rang zu haben und sich über andere Völker und Rassen zu erheben und sie sogar zu töten. Ein hoher Rang wird ja tatsächlich in Beziehungen und Organisationen häufig benutzt, um Macht über andere zu gewinnen. Die Geschichte unserer Kultur ist voll von Missbrauch und schlechtem Umgang mit Rang.

Das mag Menschen verleiten, vor allem den eigenen Status und die dazugehörigen Statushandlungen zu ignorieren, auch wenn sie eine permanente Rolle spielen. In seinem Buch *Improvisation und Theater* beschreibt Keith Johnstone, der Begründer des Improvisationstheaters, dass wir ständig Statushandlungen vornehmen. Er geht sogar so weit zu sagen, dass »jeder Tonfall und jede Bewegung Status vermittelt«. So kann es sein, dass die berühmte Schauspielerin in eine Putzfrau oder in einen Bühnenarbeiter hineinläuft, weil sie diese einfach übersieht. Die Schauspielerin denkt vielleicht, sie sei zu zerstreut, und merkt nicht, wie sie aus ihrem Status heraus handelt. Den Regisseur oder den Theaterdirektor hätte sie nicht übersehen. Solche unbewussten oder unbeabsichtigten Statushandlungen – hier das Überrennen der Putzfrau – sind Doppelsignale, mit denen sich unser Rang so oder so einen Ausdruck verschafft.

Interessant ist, dass wir Statusspiele im Theater und im Film dramatisch oder auch lustig finden, wahrscheinlich weil das Statuserleben so elementar ist und unsere Arbeits- und Beziehungswelten so nachhaltig mitgestaltet. Wenn Charly Chaplin in seinen Filmen Tiefstatus spielt und es dennoch schafft, Menschen mit Hochstatus herabzusetzen, dann freuen wir uns darüber. Im Improvisationstheater gibt es eine Spielform, die denjenigen gewinnen lässt, der es schafft, den Tiefstatus des Mitspielers noch zu unterbieten. Wenn das gut gespielt ist, können sich die Zuschauer vor Lachen kaum auf ihren Sitzen halten. Schauspielschüler lernen auf diese Weise, sich in alle Rollen, in solche mit hohem und tiefem Status, hineinzuversetzen, was für die meisten von ihnen sehr schwer ist, weil wir alle Rang und Status weder aufgeben noch uns eingestehen wollen.

Im Alltag ignorieren wir diese ständigen Statushandlungen und -bewegungen in der Regel. Wir tun so, als ob es sie nicht gäbe und sprechen sie normalerweise auch nicht an. Erst in Konflikten benennen wir unsere Empfindungen und das Statusverhalten und die Gesten des anderen und wie sehr wir darunter leiden. Wir sind uns aber auch dann noch nicht bewusst, dass wir Vergleichbares tun und mit Statushandlungen kontern und den Konflikt damit stabilisieren.

Wenn wir einen bestimmten Rang in einem gesellschaftlichen Kontext erworben haben, werden wir ihn in der Regel auch nicht wieder los, selbst wenn wir Statusunterschiede leugnen und andere mit weniger Rang am liebsten davon überzeugen möchten, dass sie genauso gut und wertvoll sind wie wir, darin sind sich Schauspiellehrer und Prozessorientierte Psychologen einig.

»Rang ist eine Droge. Je mehr wir davon haben, desto weniger ist uns bewusst, wie er sich negativ auf andere auswirkt«, schreibt Arnold Mindell in *Mitten im Feuer*. Er beobachtete, dass besonders liberale Menschen aus den Mittelschichten Nordamerikas und Westeuropas Rangthemen marginalisieren bzw. an den Rand stellen und damit unbewusst rassistisch sind. Rang wird zum Doppelsignal, das wir unbeabsichtigt und unbemerkt ständig aussenden. Interessant ist es, dass alleine der Gesprächsstil, der in diesen Ländern favorisiert wird – »höflich sein, Zuversicht ausstrahlen und leise sprechen« – andere zur Anpassung zwingt, wenn sie gehört werden wollen.

Wir können Rang nicht loswerden, aber gut damit umgehen.

Fallbeispiel

Was ein unbewusster Umgang mit Rang anzurichten vermag, möchte ich in einem Beispiel aus meinem Arbeitsleben erzählen. Anfang der neunziger Jahre arbeitete ich als Medienpädagogin im Offenen Kanal in Essen und wollte besonders ausländische Frauen fördern und sie ausbilden, dass sie ihre eigenen Filme drehten und auf diese Weise auf ihre Situation, ihre Gedanken und Lebenswege aufmerksam machten. Ich plante einen Themenabend über Frauen im Ruhrgebiet. Filme von und über das Leben von Migrantinnen sollten ein Schwerpunkt in der Sendung sein. Ich war überzeugt, ein guter Mensch zu sein, weltoffen und natürlich alles andere als eine Rassistin. Und trotzdem: Mit meiner ausländischen Frauengruppe hatte ich nur Probleme. Mir wurde offen Rassismus und Besserwisserei unterstellt. Ein dreitägiges Seminar an der holländischen Grenze wurde für mich zum Martyrium. Ich zog mich zurück, hatte keine Lust mehr auf ihre Tänze in der Freizeit, was sie dann auch typisch fanden und sie darin bestätigte, dass die Deutschen eben nicht so feiern können wie die Türkinnen oder Kurdinnen, die sie waren. Heute verstehe ich sie. Ich bin unbewusst mit meinem eigenen Rang umgegangen und habe zu wenig darauf aufmerksam gemacht, dass es zwischen mir und ihnen Unterschiede gibt. Was mir nicht bewusst war und ich auch nicht herauskehren wollte, war Folgendes: Als deutsche weiße Frau genieße ich in Deutschland einen anderen Status als eine Frau türkischer oder kurdischer Herkunft, auch wenn sie kein Kopftuch trägt. Ich werde anders angeschaut und kann mich sicherer und selbstbewusster fühlen. Diese und noch viele andere Unterschiede kann ein Film nicht ausbügeln. Besonders in den Jahren nach der Wiedervereinigung fühlten sich viele ausländische Menschen in Deutschland nicht sicher. Eine Serie von Brandanschlägen Anfang der neunziger Jahre hatte die Menschen mit Migrationshintergrund nachhaltig verunsichert.

Ein Weg aus der Krise mit den Frauen wäre gewesen, ihnen zuzustimmen. Sie hatten Recht: Ich kann sie und mich nicht gleich machen. Aber ich kann meinen in dieser Gesellschaft höheren Rang annehmen und mich bewusst – politisch, menschlich oder in den Medien – dafür einsetzen, dass Menschen mit Migrationshintergrund sich in unserer Gesellschaft angenommen und wohl fühlen können. Dies habe ich später auch getan. Zum Beispiel habe ich eine Zeit lang für die Sendung *Nachbarn* beim ZDF gearbeitet. In diesem Zusammenhang fällt mir noch eine Geschichte ein: 1994 drehte ich für diese Sendung einen

Magazinbeitrag über die Empfindungen von ausländischen Mitbürgern ein Jahr nach Solingen. Nach einem verbrecherischen Brandanschlag auf das Haus der türkischen Familie Genc in Solingen waren am 29. Mai 1993 fünf Menschen ums Leben gekommen. Dieser Vorfall war einer der grausamen Höhepunkte des gewalttätigen Rassismus, der sich 1992 und 1993 in Deutschland gegen Menschen ausländischer Herkunft richtete.

In diesem Filmbeitrag gibt es ein Interview mit meinem aus Argentinien stammenden früheren Mann Germán Wiener. Er zeigte mir und dem Kamerateam ein Seil, das er an der Heizung unseres Schlafzimmers befestigt hatte. Sollte es zu einem Anschlag kommen – in unserem Haus in Bochum lebten viele Menschen mit Migrationshintergrund und im Erdgeschoss gab es einen türkischen Lebensmittelladen –, könnten wir uns schnellstmöglich abseilen und damit unser Leben retten, kommentierte er den Zweck des Seils und zeigte uns genau, wie er es im Notfall über die Fensterbrüstung werfen konnte und wie lang es war. Ich begriff so richtig erst beim Anblick des knapp über dem Boden baumelnden Seils, zu welchem Zweck er dieses Seil angebracht hatte und dass es in der Gefahr auch mein Rettungsseil wäre. Vorher war mir nicht wirklich klar gewesen, dass es für mich und für meinen Mann einen Unterschied machte, deutscher oder ausländischer Herkunft zu sein, auch wenn wir beide einen deutschen Pass hatten. In der einen Rolle gehörte die Angst oder die gefühlte Gefahr mit zum damaligen Lebensgefühl, in der anderen nicht, auch wenn die tatsächliche Gefahr eines Anschlags auf unser Haus für mich und ihn gleich war. Ich kann mich erinnern, dass ich im Schneideraum beim Anschauen des Materials erschüttert war.

In diesen Tagen hatte ich ein Gespräch mit Freunden über Rang und Status im Alltag. Ich erzählte ihnen, was ich gerade schreibe, und löste damit sogleich eine heftige Diskussion aus. Die Frage war: Kann ein

Mensch nicht einfach selbst entscheiden, ob Rang und Status für sie oder ihn Bedeutung haben? Können wir nicht einfach sagen, das spielt für uns keine Rolle? Ein Freund, der die Vorzüge einer hochrangigen und sehr gut bezahlten Beamtenstelle genießt, lehnte in unserem Gespräch ein Rang- und Statuserleben für sich persönlich völlig ab. Rang und Status eines Menschen durch Beruf und Vermögen seien für ihn nicht wichtig. Ich glaube ihm das gerne, bin aber auch überzeugt, dass alleine diese Aussage schon seinen hohen Rang dokumentiert und auf Menschen mit weniger Geld und beruflicher Sicherheit snobistisch wirken könnte.

Ob wir es wollen oder nicht, durch Rang- und Statusunterschiede werden Rollen vergeben und angenommen. Wir entscheiden die Rollenbesetzung nicht alleine, sondern die jeweilige Gruppe oder besser das organisierende Feld im Hintergrund tut das. Aber wir können achtsamer damit umgehen, wenn wir den eigenen und fremden Rang schneller erkennen und sensibler werden für die Probleme von Menschen mit weniger Rang. Wenn wir in eine Diskussion mit Menschen verwickelt werden, die weniger Rang haben, geht es möglicherweise nicht um die Worte, die gesprochen werden, sondern um das Rang- und Statuserleben im Hintergrund. Wir könnten dann zuhören und versuchen herauszufinden, ob wir unseren Rang unbewusst ausgespielt haben, wenn die anderen böse und aggressiv werden. Oder die anderen neiden unseren Rang und wir sind aufgefordert, bewusster mit dem eigenen Rang und den Privilegien, die wir genießen, umzugehen.

> **Wenn wir bewusst mit dem eigenen Rang umgehen, werden wir sensibler für die Probleme von Menschen mit weniger Rang.**

Dass wir an Rang und Status nicht viele Gedanken verschwenden wollen, wird manchmal von einem hehren Motiv getragen. Wir wollen andere nicht abwerten und uns selbst nicht aufwerten. Den eigenen Rang annehmen heißt aber nicht notwendigerweise, Menschen mit weniger Rang schlechter zu bewerten oder sich selbst einen höheren Wert zuzuschreiben. Diese Verwechslung von Rang mit Bewertung, die ja sicher auch ihre historischen Gründe und vor allem mit Missbrauch zu tun hat, macht es beispielsweise vielen sozial arbeitenden und politisch bewussten Menschen schwer, über Rang- und Statusunterschiede nachzudenken, wenn es um die eigene Person geht. Weder mehr noch weniger Rang zu haben wird akzeptiert. Da wird gleich gemacht, was nicht gleich sein kann.

In vielen sozialen Einrichtungen, Frauenzentren und Vereinen werden von Mitarbeiterinnen und Beschäftigten Rangunterschiede oftmals geleugnet. Das kann zu viel Leid in Arbeitsbeziehungen führen. Besonders qualifizierte Arbeit, aufreibende Leitungstätigkeit oder Zeit und Kräfte raubendes Ehrenamt finden dann keine offen ausgesprochene Anerkennung und Wertschätzung, die gerade diese Menschen brauchen, um nicht auszubrennen. Die Doppelsignale übernehmen dann den Ausdruck der verbotenen mit Rang verknüpften Gefühle und Empfindungen und stellen ihre verwirrenden Forderungen nach Anerkennung und Status.

Menschen brauchen Anerkennung und Wertschätzung

Fallbeispiel

In einer Beratungsstelle, in der viele Mitarbeiterinnen über Jahre hinweg qualitativ hohe Beratungs- und Aufklärungsarbeit geleistet hatten, gab es einen unausgesprochenen Konflikt zwischen der Begründerin der Stelle und der Frau, die sie in der Elternzeit vertreten hatte. Die engagierte Gründerin der Einrichtung – ich nenne sie hier Waltraud K. – arbeitete seit kurzem wieder und der alte Konflikt flammte auf. Sie machte ihrer Vertreterin den Vorwurf, dass diese ihr hohes Engagement, das sie auch noch während der Elternzeit gezeigt habe, nicht akzeptiert und als Einmischung erlebt habe. Äußerst kränkend und einem Rauswurf gleichgekommen sei für sie die Aufforderung gewesen, sich aus allen Geschäftsangelegenheiten herauszuhalten. Ihre Vertreterin – ich gebe ihr den Namen Helen F. – hielt dagegen, dass Waltraud ihr am Anfang wenig Vertrauen entgegengebracht habe. Sie habe sich kontrolliert gefühlt und im Schatten der abwesenden und sich immer wieder einmischenden Gründerin nicht gut arbeiten können. Ich arbeitete im Beisein des Teams an diesem Konflikt, der sich durch ein hohes Unwohlsein der betroffenen Mitarbeiterinnen ausdrückte. Ich animierte sie, möglichst ehrlich über ihre Empfindungen und die erlebte Vergangenheit zu sprechen, und stellte mich selbst dabei mal auf die eine und mal die andere Seite, um mit ihnen gemeinsam herauszufinden, was die jeweilige Seite jenseits der Worte wirklich wollte und welche Rollengeschichten sich dahinter verbargen. Das Ergebnis war für die Mitarbeiterinnen verblüffend: Die Gründerin Waltraud K., die gleichzeitig auch die inoffizielle Chefin der Einrichtung war, aber aus Gründen der politischen Korrektheit nicht als solche benannt werden durfte, war ohne offizielle Verabschiedung und ausgesprochene Anerkennung in die Elternzeit gegangen. Sie hätte es gebraucht, dass der Vorstand ihre besondere Leistung einmal herausgestellt und offen anerkannt hätte. Aber das hätte sie wahrscheinlich als Teamleiterin selbst veranlassen müssen. Da das nicht ging, weil es die Rolle der Leiterin nicht gab, war keine Leiterin gegangen oder verabschiedet worden und auch keine gekommen, und so mischte sich Waltraud K. in alter Verantwortlichkeit in den Alltag der Beratungsstelle hinein. Hätte sie die Rolle der Chefin oder Teamleiterin einnehmen können und wäre außerdem in dieser Rolle anerkannt und wertgeschätzt worden, dann hätte sie gut die Mentorin statt die »Kontrolleurin« der neuen Mitarbeiterin sein und sich aus vielem auch heraushalten können. Ihre Vertreterin Helen konnte am Ende des Gespräches Mitgefühl für die andere haben, aber auch für sich selbst, weil auch sie so wenig in ihrem Engagement und ihrer aufreibenden Leitungstätigkeit geschätzt wurde.

Das ist ein schönes Beispiel, wie Rollen, die nicht eingenommen werden, sich ihren Raum dennoch schaffen und auf sich aufmerksam machen. Schauen wir nur auf das, was die Menschen da tun, geben wir uns der Illusion hin, eine von beiden müsste doch Recht haben oder bekommen. Aber egal, wie seltsam sich die Protagonisten einer solchen Geschichte benehmen, die Rollen im Hintergrund sprechen die Wahrheit mit im Grunde genommen deutlichen Gesten und Stimmen aus. Die Rolle einer Chefin, die keine sein darf, sagt: »Ich gehe hier nicht weg, bis ihr mich seht und anerkennt. Ich überlasse diese wichtige Arbeit nicht irgendeiner neuen Mitarbeiterin.« Die Rolle der neuen Mitarbeiterin hätte auch deutlicher beschrieben werden müssen, damit sie sich in der Rolle wohl fühlen kann. Von außen betrachtet sieht das einfach aus, und wir denken: Was machen die denn da? Aber schauen wir uns die Rollen und die mit ihnen verknüpften Verhaltensweisen und Wünsche an, verstehen wir die Menschen und ihre möglicherweise unvernünftigen Verhaltensweisen plötzlich. Gegenseitiges Mitgefühl konnte in diesem Konfliktgespräch entstehen, die beiden Mitarbeiterinnen arbeiten jetzt gut zusammen, interessante Veränderungsprozesse wurden und werden noch angeschoben.

Ich halte das Rollenkonzept für äußerst hilfreich, weil es die Rollen nicht mit den sie besetzenden Menschen gleichsetzt, was zu heillosen Schwierigkeiten führen kann. Würde die Rolle wie eine Figur aufgefasst, die in einem Theaterstück von einem Schauspieler, der sie hoffentlich gut spielt, zu einer bestimmten Zeit in einer bestimmten Gruppe und an einem nicht verwechselbaren Ort besetzt wird, dann bräuchten wir alle weniger Angst zu haben, die Konflikte und Streits, in die diese Rollen hineingeraten, anzuschauen. Wir wüssten dann, dass die Motivation für einen Konflikt keine rein persönliche ist, sondern die Energie immer auch etwas mit den anderen zu tun hat. Wir könnten dann diesen Rollen besser helfen, Entwicklung voranzutreiben, Wünsche zu entfalten oder was auch immer gerade passieren will.

Wenn wir von Rollen sprechen, setzen wir die Menschen nicht mit ihren Verhaltensweisen gleich und finden schneller heraus, was sich verändern will.

Einmal erlebte ich, wie ein Freund, er ist Leiter einer Weiterbildungseinrichtung, veranlasste, dass einer der bekannteren Seminarleiter zu Beginn der jährlichen Seminarreihe eine Lobrede auf ihn hielt. Dieser Mann sorgt gut für sich, er macht auf seinen eigenen hohen

Rang und den seiner Seminarleiter aufmerksam, damit unterstreicht er den Wert seiner Veranstaltungen.

Fallbeispiel In einem Seminar für Führungskräfte in mittelständischen Unternehmen arbeitete ich mit einer jungen Frau, die ihren Chef geheiratet hatte, aber weiterhin mit anderen Angestellten aus der Buchführung im gleichen Raum arbeitete. Ich nenne sie hier Angelika K. Insbesondere mit einer Kollegin hatte sie große Probleme, die Stimmung hatte sich in den Jahren nach der Eheschließung verschlechtert. Frau K. fühlte sich beobachtet und schlecht behandelt, obwohl sie sich sehr um einen guten Kontakt mit der Kollegin bemühte. In einer Systemaufstellung mit Stellvertreterinnen aus der Gruppe wurde sehr schnell deutlich, um was es ging. Angelika K. hatte den Rang, den sie durch die Heirat mit dem Firmeninhaber innehatte, nicht offen angenommen. Sie sah sich selbst neben den Kollegen im Büro und weit weg von ihrem Mann stehen. Erst als sie sich neben ihren Mann stellte, gab die Stellvertreterin, die sich in die Rolle der Kollegin hineinversetzte, endlich Ruhe. Am nächsten Tag kam Frau K. ins Seminar und berichtete, dass sie mit ihrem Mann gesprochen habe. Noch in der Nacht hatten beide erste Vorbereitungen für den Umzug ihres Büros in die Leitungsetage der Firma getroffen.

Dies ist ein weiteres gutes Beispiel dafür, dass Menschen böse werden, wenn andere ihren höheren Rang nicht bemerken und sich verhalten, als gäbe es keine Unterschiede. Dabei kann es völlig egal sein, was sie denken oder sagen. Rang wird durch unbeabsichtigte Signale (Kleidung, Auto, Kommunikationsverhalten) ausgedrückt und damit zum Doppelsignal. Das folgende Prozesstheater kann lange dauern, wenn Menschen aus altruistischen Überlegungen heraus eine Rolle, die sie sowieso schon haben, und den damit verbundenen Rang noch nicht bewusst einnehmen wollen oder können.

Auch in privaten Bereichen kann die Unbewusstheit über Unterschiede oder Privilegien – mehr Geld haben, eine angesehene Herkunft oder einfach mehr Glück haben – für Konflikte in der Verwandtschaft und zwischen Freunden oder Nachbarn sorgen. Wenn mich der Neid der anderen noch schmerzhaft trifft, dann könnte das ein Indiz dafür sein, dass ich den Unterschied und die damit verbundenen Vorteile noch nicht annehmen oder sehen kann. Dann könnte es sein, dass ich noch denke, »ich darf das nicht haben, ich darf andere nicht ›übervorteilen‹ durch eine glückliche Liebe, eine reiche Erbschaft, ein schöneres und flotteres Auto. Erst wenn niemand mehr neidisch ist und alle laut Ja rufen, dann darf ich die schönen Rollen und Geschenke des Lebens annehmen«. Von diesem Grundsatz kann ich nur abraten. Wenn Sie diese Grenze noch in sich spüren, dann schauen Sie nicht auf den veränderungsbedürftigen neidischen Gegner, sondern auf die Grenze, die Sie davon abhält, diese Geschenke dankbar anzunehmen. Dazu gehören auch Ihre Fähigkeiten und andere persönliche Besonderheiten, die Sie der Welt wiederum besser schenken können, wenn Sie sie mit Freude in Besitz genommen haben.

Eine schwere Rolle:
Ich stehe zu mir und meiner Größe

Ein Zitat, das durch die Antrittsrede von Nelson Mandela zum Amt des südafrikanischen Präsidenten bekannt wurde, handelt von der menschlichen Größe und über die Schwierigkeit, die wir haben, zu ihr zu stehen:

»Unsere tiefste Angst ist nicht, dass wir einer Sache nicht gewachsen sind. Unsere tiefste Angst ist, dass wir unermesslich mächtig sind. Es ist unser Licht, das wir fürchten, nicht unsere Dunkelheit. Wir fragen uns, wer bin ich überhaupt, dass ich strahlend, bezaubernd, begnadet und phantastisch sein darf? Wer bist du denn, dass du das nicht sein darfst? Du bist ein Kind Gottes. Wenn du dich klein machst, ist der Welt damit nicht gedient. Es hat nichts mit Erleuchtung zu tun, wenn du dich herabsetzt, damit deine Mitmenschen sich nicht verunsichert fühlen.«

Der Text, der fälschlicherweise Nelson Mandela selbst zugeschrieben wird, stammt von der nordamerikanischen Autorin und Predigerin Marianne Williamson. Sie beschreibt eine tiefe Sehnsucht, die viele Menschen teilen: Wir wünschen uns, die eigenen Fähigkeiten und Möglichkeiten zu leben. Indem ich dies schreibe, bemerke ich, dass auch die Frage nach der eigenen Größe eine Statusfrage ist. Wer bin ich, dass ich es mir leisten kann, diese Frage zu stellen? Ein hungerndes Kind in einem Flüchtlingslager und seine Mutter dürften andere Fragen und andere Bedürfnisse haben. Und trotzdem, wenn ich das Privileg habe, mir diese Frage zu stellen, wer bin ich dann, wenn ich meine Fähigkeiten und Möglichkeiten nicht entwickle und in die Welt gebe? In meinen Beratungen und Seminaren zum Thema »Herzenswünsche« habe ich viele Menschen kennengelernt, denen sich das Thema der Lebensaufgabe drängend und schmerzhaft stellte. Wahrscheinlich träumen wir mit vielen anderen Menschen überall in der Welt den gleichen Traum, unsere Größe, unsere Kultur, unsere Kreativität und unsere Fähigkeiten der Welt zu schenken.

Es gibt einen tiefen Wunsch, die eigenen Fähigkeiten, die eigene Größe und Kreativität der Welt zu schenken.

Es ist wahrscheinlich eine Aufgabe, die größer ist als wir selbst, an unseren Grenzen und Begrenztheiten zu arbeiten und in vielen Rollen unsere Frau und unseren Mann in dieser Welt zu stehen.

Aus Vorwürfen lernen

Wenn wir davon ausgehen, dass die Rollen, aus denen wir agieren, so bedeutsam und wichtig sind und eine essentielle Botschaft haben, dann verstehen wir auch, wie schmerzhaft es sein kann, wenn wir kritisiert und mit einem Vorwurf konfrontiert werden. Die Person, die den Vorwurf macht, ist dann vielleicht überrascht, was sie ausgelöst hat und wirft uns kindisches Verhalten vor und dass wir eine zu niedrige Frustrationstoleranz haben. Wahrscheinlich stimmt das sogar, aber dann wird es ebenso für das vorgeworfene Verhalten wie auch für die mangelnde Frustrationstoleranz dennoch einen guten Grund geben.

Lehnen wir einen Vorwurf oder eine Kritik einfach nur ab und versuchen uns reinzuwaschen (nach dem Motto: Das war doch ganz anders etc.), dann stellen wir uns klammheimlich und ohne es selbst zu merken auf die Seite des Kritikers und finden auch, dass wir so nicht sein sollten und sind doppelt geprellt; die Rolle im Hintergrund wird noch böser und wilder und die Atmosphäre nachhaltig mit Doppelsignalen verdüstern.

Fallbeispiel

Ich möchte kurz von Annemarie L. erzählen, die ich in einem Teamtraining kennenlernte. Wir sprachen über den Umgang mit Kritik und Vorwürfen und wie wir etwas sehr Wesentliches für uns herausfinden, wenn wir sie nicht gleich ablehnen. Trotz meiner begeisterten Rede über ein unangenehmes Thema war die Gruppe anfänglich nicht bereit, mit mir daran zu arbeiten. Vorwürfe haben immer mit Kritik zu tun und können Konfliktauslöser sein, die Angst vor gegenseitiger Verletzung war zu groß. Gleichzeitig wollten sie unbedingt an richtigen und echten Problemen arbeiten. Erst nach einer bedrückenden Diskussion machten sie schließlich in kleinen Gruppen eine kurze Übung, die ich am Ende dieses Kapitels als innere Arbeit mit uns verletzenden Vorwürfen vorstellen möchte. Ich habe sie in einem Seminar bei Max Schupbach kennengelernt.

Eine mutige Kollegin erklärte sich bereit, Annemarie L. eine kritische Frage zu stellen bzw. sie mit einem Änderungswunsch zu konfrontieren: »Es fällt mir auf, dass du fast jeden Morgen fünf bis zehn Minuten zu spät kommst, und das stört mich und einige andere Kollegen sehr«, sagte sie vorsichtig. »Allerdings kann ich auch beobachten, dass du dann den ganzen Tag ohne Pause ackerst, und dann tut es mir leid, dass mich dein Zuspätkommen stört.«

Die Gruppe begann nun mit Annemarie L. herauszufinden, wozu dieses Zuspätkommen gut sein könnte. Was könnte die Essenz dieses Verhaltens sein? Annemarie L. dachte darüber nach und kam zu folgenden Ergebnissen: »Ich mache noch einmal eine kleine Verschnaufpause, bevor ich losgehe, ich trödele ein wenig, mache mir meine Gedanken und habe Zeit für mich.« Auf meine Nachfrage, ob sie trödeln, Zeit für sich haben oder Verschnaufpausen machen, vielleicht auch im Arbeitsalltag mehr brauchen könne, antwortete sie: »Das kann ich mir nicht erlauben, ich bin sehr gewissenhaft und würde das meinen Kollegen nicht zumuten.« Hier ist die Grenze und an der Grenze müsste sie einen Teil ihrer bewussten Identität, die mit Gewissenhaftigkeit und »Ich bin doch kein Kollegenschwein« zu tun hat, abgeben. Zu ihrem primären Prozess gehört es, viel zu arbeiten und sich keine Pausen zu gönnen. Ihr Zuspätkommen ist ein Doppelsignal und drückt ihren großen Wunsch aus, nicht nur zu ackern, sondern auch mal zu verschnaufen und es sich gut gehen zu lassen. Die Kollegen freuten sich mit Annemarie L. über das Ergebnis der Übung.

Wir können noch etwas lernen aus diesem kleinen Beispiel: Wenn wir zu schnell einhaken und uns korrekt verhalten oder als Leiterinnen und Führungspersonen darauf beharren, sorgen wir im Moment für Ruhe, aber deswegen nicht notwendigerweise für eine Lösung der Krise oder des Konflikts. Wenn die Ruhe dazu führt, dass alle besser gehört werden, dann steht sie im Dienst des Prozesses. Ist es nur eine verordnete Ruhe, dann bricht sie vielleicht die Stimme der Sprecherin im Augenblick, aber nicht die Kraft der Rolle im Hintergrund. Diese wird sich, wenn das verborgene Anliegen stark ist, stark machen müssen und so oder so ihre Aufmerksamkeit beanspruchen. Rollen halten sich so lange fest, bis ihre tiefsten Träume und Wünsche verstanden werden.

> **Wenn wir Menschen zwingen, sich korrekt zu verhalten, sorgen wir für Ruhe, aber nicht für eine wirkliche Lösung.**

> **In die Praxis umgesetzt:**

*Einen Vorwurf ernst nehmen
und die eigene Rolle dabei entdecken
und besser verstehen*

- Denken Sie an eine Situation in der vergangenen Zeit, da Ihnen ein Vorwurf gemacht wurde, der Ihnen wehgetan hat. Sie fühlten sich angegriffen und schlecht behandelt und haben sich oder hätten sich gerne besser verteidigt.

- Packen Sie den Vorwurf in einen Satz: »Du bist, du hast, du hättest ...« Schreiben Sie ihn auf ein Blatt Papier und legen es auf den Boden.

- Stellen Sie sich auf das Blatt und tun Sie einfach für eine Weile so, als ob der Vorwurf stimmt, und sagen Sie laut: »Ich bin, ich habe ...«, auch wenn es für Sie so nicht wirklich stimmt.

- Überlegen Sie nun, wozu dieses »Ich bin zu laut«, »Ich drücke mich« oder was immer es war, gut sein könnte. Wo im Leben könnten Sie davon mehr gebrauchen? Vielleicht spüren Sie jetzt etwas von der Essenz und Kraft, die in dem Verhalten steckt und die Sie noch bewusster in Ihr Leben nehmen könnten.

- Haben Sie einen Namen für die Rolle, die diese Kraft und Essenz ins Leben trägt? Schreiben Sie den Namen für die Rolle auf einen Zettel und legen ihn auf den Boden.

- Stellen Sie sich nun in die Position und sprechen Sie aus der Rolle heraus, was Sie sich wünschen. Die Rolle hat auch eine Botschaft an die Gruppe, aus der der Vorwurf kam. Welche könnte das sein? Sprechen Sie sie aus!

- Gehen Sie in Gedanken noch einmal kurz zurück zu dem Vorwurf. Welche gemeinsamen Verbotsstimmen haben diesen Vorwurf entstehen lassen? Gibt es eine gemeinsame Grenze, die Sie mit anderen Menschen teilen?

Seitenwechsel:

Präventive Konfliktarbeit im Alltag

Konflikte entstehen bevorzugt dann, wenn wir zu lange nicht auf der eigenen Seite gestanden haben. Einem Freund haben wir viel zu spät gesagt, dass wir bestimmte Dinge nicht mögen, einen Arbeitsplatz haben wir nicht verlassen, weil wir an unsere finanzielle Sicherheit gedacht haben, aus einer Beziehung sind wir ausgestiegen, weil unsere Wünsche, aber auch unser Nein darin keinen Platz hatten. Wir haben kein richtiges Ja für unsere Fehler oder unsere Unvollkommenheit und stehen vielleicht noch zu sehr auf der Seite unserer Kritiker. Wenn wir die eigene Seite über eine längere Zeit vernachlässigen, muss sie böse werden.

In allen zwischenmenschlichen Situationen stehen wir natürlicherweise mal auf der eigenen und dann wieder auf der Seite unseres Gegenübers. Wir fordern oder wünschen uns etwas und denken, dass der andere vielleicht ein Problem damit hat. Wir wollen etwas Wichtiges ansprechen und überlegen, ob die andere das auch hören will und wie wir es so sagen können, dass es ihr oder ihm gut damit geht. Wenn wir diesen Wechsel *bewusst* in die Kommunikation mit hineinnehmen, ist das ein wunderbares Mittel für ein bekömmlicheres Miteinander in Familie, Partnerschaft und im Arbeitsleben. Der prozessorientierte Seitenwechsel passt sich dem natürlichen Lauf der Kommunikation an.

Als systemische Therapeutin arbeite ich schon lange in Einzelaufstellungen oder in Beratungsgesprächen mit einem inneren oder in der Aufstellung vollzogenen Positions- oder Seitenwechsel. Das kann sehr frappierend sein, wenn sich ein Klient aus der Perspektive der Konfliktpartnerin sozusagen von außen anschaut und beispielsweise feststellt, dass das eigene Verhalten wenig hilfreich ist, um Veränderungen beim Partner hervorzurufen. Auch neutrale Metapositionen oder die Einnahme einer Weisheitsposition haben sich bewährt.

> *In* Konflikten und zwischenmenschlichen Auseinandersetzungen kämpfen wir meistens darum, dass die anderen uns endlich verstehen und uns mit dem Verständnis quasi die Erlaubnis geben, so zu denken oder so zu sein oder dies oder das zu tun. Wir bemerken nicht, dass wir damit die eigene Seite ständig und häufig zu lange verlassen und unser Denken und Handeln vom Verhalten und der Bewertung der anderen Seite abhängig machen. Es mag sich anfühlen wie auf der eigenen Seite zu stehen, in Wirklichkeit stehen wir bei den anderen.

In der Regel weigern sich diese aber, ein vehement eingefordertes Einverständnis zu geben, was eigentlich gut ist und den Gesetzen des natürlichen Prozesses folgt. Immer dann, wenn wir nicht die Zustimmung der anderen, sondern vor allem die eigene bräuchten, müssen die anderen Nein sagen. Oder sie sagen nur aus Rücksicht Ja, was wir wiederum sofort spüren. Wir bleiben doppelt verlassen, von den anderen und von uns selbst, und zu Recht wird ein Teil in uns böse.

Viele Eltern beispielsweise diskutieren zu viel mit ihren jugendlichen Kindern, weil sie wollen, dass diese ihnen Recht geben und endlich einsehen, was richtig und gut für sie ist. Viele junge Menschen tun aber genau das nicht und geben auch Fehler und Versäumnisse nicht gerne offen zu, weil sie ihr Gesicht nicht verlieren wollen. Was dann passiert: Die Worte des Vaters verlieren ihren Wert, wenn die Kinder sie unbedingt einsehen sollen, dies aber nicht tun, was den Vater wiederum böse macht und sein Drängen verstärkt, was dann den Sohn noch verstockter und unwilliger macht, die Seite des Vaters anzunehmen. Ein Vater, der seinem Sohn klar sagt, was geht oder nicht, sollte sich von der Meinung oder einem Schuldbekenntnis seines Sohnes nicht abhängig machen. Der Vater zwingt seinen Sohn sonst, die eigene Seite zu lange zu verlassen und sich doppelt schlecht zu fühlen. Es geht dem Sohn ja wahrscheinlich schon nicht besonders gut damit, überhaupt gemaßregelt zu werden, er stellt sich bereits auf die Seite des Vaters, wenn er nur klammheimlich zugibt, dass der Vater irgendwie Recht oder zumindest das Sagen hat. In der Regel reicht das für Kinder, um eine Verhaltensänderung vorzunehmen. Vom Vater aus gesehen könnte es hilfreicher sein, dem Sohn klipp und klar zu sagen, was geht und was nicht, und dann kurz auf die Seite des Sohnes zu wechseln und ihm die Erlaubnis zu geben, sich nicht wohl damit zu fühlen. Dann kann er gehen und darauf vertrauen, dass der Sohn gehört und verstanden hat. Bei einer späteren Begegnung kann der Vater seinem Jungen einen Klaps auf die Schulter geben oder ihn in den Arm nehmen, mit welchen Verhaltensweisen die Familie auch immer ihre Liebe und Zuneigung ausdrückt. So ist es einfacher für den Sohn und die Tochter einzusehen, dass sie das Verhalten in Zukunft ändern müssen.

Fallbeispiel

Kürzlich arbeitete ich mit einer allein erziehenden Mutter, deren dreijähriger Sohn, ich nenne ihn hier Kai, jede Nacht in ihrem Bett verbringen möchte. Sie wollte das schon lange nicht mehr, auch weil sie im Wohnzimmer schläft und abends noch ein wenig Zeit für sich alleine haben möchte. Aber Kai schafft es immer wieder, dass sie ihn zu sich nimmt. Sie ist manchmal sehr sauer und wütend auf ihn, beide leiden darunter. Wir haben uns genauer angeschaut, was zwischen den beiden passiert. Die junge Frau, ich gebe ihr den Namen Rosa S., hält es nur sehr schwer aus, wenn ihr Sohn weint. Sie kämpft gegen sein Weinen und darum, dass Kai sich sozusagen auf ihre Seite stellt und endlich zu weinen aufhört. Das kann er verständlicherweise nicht, weil er dann seine eigenen Empfindungen leugnen und sich selbst verlassen müsste. Schließlich gibt sie auf, überlässt ihm ihren Platz und nimmt sich damit den eigenen Raum. Manchmal rastet sie regelrecht aus, was aber den Ablauf und die Gefühle und Wünsche von Kai nicht verändert, sondern nur den Konflikt, den sie mit ihm hat, verstärkt.

Wir sprechen über den Seitenwechsel und die Möglichkeit, ihn bewusst in die Situation hineinzubringen. Rosa S. spielt diese Möglichkeit in einem Rollenspiel durch. Wenn sie Kai abends in sein Bett bringt und er mit dem üblichen Wunsch kommt, kann sie sagen: »Nein, ich möchte, dass du in deinem Bett schläfst.« Dann kann sie einen Seitenwechsel vornehmen und sagen: »Ich kann gut verstehen, dass du lieber zu mir kommen möchtest und nicht alleine sein willst. Das ist auch traurig.« Dann könnte wieder ein Seitenwechsel kommen: »So und jetzt ab ins eigene Bett«. Kommt er später noch einmal zu ihr, kann sie ihn trösten und ihm die Erlaubnis geben zu weinen, wenn er traurig ist, dann aber auch auf der eigenen Seite bleiben und sagen: »So, und jetzt bringe ich dich in dein Zimmer.« Rosa S. spürt nach dem kurzen Rollenspiel, dass sich etwas in ihr verändert hat. Mit dem Seitenwechsel kann sie sowohl ihren Plan verfolgen und streng sein, aber auch liebevoll bleiben. Sie stellt sich noch einmal in die Position ihres Sohnes und ist sich sicher, dass ihre neue Haltung gut für ihn ist. Er darf jetzt so fühlen und sein, wie er ist. Und sie auch.

Nach zwei Wochen bekomme ich eine erste Rückmeldung von ihr: Drei Tage sei sein »Aufstand« stärker und stärker geworden, dann habe er akzeptiert, im eigenen Bett zu schlafen.

Wenn Eltern mit ihren Kindern über Verhaltensänderungen zu lange diskutieren, sollten sie sich fragen: Was will ich genau? Will ich Unterwerfung oder eine Verhaltensänderung? Unterworfene Kinder – darin unterscheiden sie sich nicht von Erwachsenen – boykottieren Verhaltensänderungen. Sie nehmen die Rolle des Gegners ein, der dann später auch bei völlig verständlichen Wünschen der Eltern Nein sagt. Wenn Kinder und Jugendliche Anordnungen befolgen und sie trotzdem »doof« oder »bescheuert« finden dürfen, findet keine Unterwerfung statt. Sie behalten auf einer tieferen Ebene ihre Würde, auch wenn sie sich in Zukunft anders verhalten müssen und das auch tun.

Es macht einen Unterschied, ob Eltern von ihren Kindern eine Verhaltensänderung oder Unterwerfung verlangen.

Eine gute Frage:
Auf welcher Seite stehe ich?

Auf meiner Tour als Streitschlichterin lernte ich eine ältere Dame kennen, die bereits in der dritten Generation um ein altes Wegerecht kämpfte und ihr ganzes Leben diesem Rechtsstreit gewidmet hatte. Schon als ich zur ihr fuhr, und es war alles andere als einfach, sie zu finden, warnten mich Nachbarn vor der »seltsamen Frau« – ich nenne sie hier Frau K. Als ich bei ihr zu Hause war, baute sie mehrere Aktenordner mit gerichtlichen Vorgängen und Fotos vor mir auf. Ich sollte mir alles anschauen und ihr endlich recht geben: wie recht sie hat mit ihrem Kampf und wie schlimm doch die anderen sind, die das nicht einsehen und ihr das Leben schwermachen. Sie redete viel, ich redete viel und stellte mich mal auf die eine, mal auf die andere Seite, bis ich am Ende merken musste, dass meine Beratung und Intervention nur einen Sinn und Zweck gehabt hatten: Ich sollte ihr eine Quittung ausstellen über eine Beratung zum Wegerecht von anno dazumal. An einem weiteren Gespräch oder an einer Kontaktaufnahme mit den »bösen« Nachbarn war Frau K. nicht interessiert. Die Quittung wollte sie abheften und als Beweis dafür verwahren, wie sehr sie um das Wegerecht kämpfen muss und wie viel es sie immer wieder kostet.

Dieser Jahrhundertkonflikt ist ein schönes Beispiel für ein echtes Dilemma, aus dem Rechtsanwälte und Gerichte häufig keinen wirklichen Ausweg finden. Es gibt die Illusion einer eindeutigen rechtlichen Lösung, die ja auch tatsächlich gefunden wird – der

Konflikt jedoch bleibt davon unberührt. Meine These ist: Der Konflikt hält sich so beharrlich, weil die Konfliktpartner nicht in der Lage sind, die Seiten zu wechseln. Sie haben in einem solchen Wegerechtsfall, egal ob Sie Eigentümer oder Nutzer sind, immer zwei Seiten zu berücksichtigen, die sich zum Teil widersprechen. Genau genommen müsste eine Familie, die ein individuelles Wegerecht eingeräumt bekommt, dankbar für die Nutzung und ständige Anpassung und Verbreiterung des Weges durch die Besitzer sein. Dankbarkeit aber beinhaltet die Einsicht, dass der andere mir etwas Besonderes gegeben hat und dass das nicht selbstverständlich ist. Die eigene Seite, die ja ihr Recht hat, müsste kurzfristig verlassen werden, was als Rangverlust erlebt und deswegen häufig vermieden wird. Nur auf der eigenen Seite zu stehen und auf das eigene Recht zu pochen geht aber auch nicht ohne Reibung, weil dann die Dankbarkeit fehlt, und ohne Dankbarkeit und Einsicht, dass der andere einen Verzicht auf Eigentum übt, kann die eigene Seite nicht in Ruhe eingenommen werden. Sie braucht dann die Bestätigung der anderen, die das aber so lange verweigern, bis endlich mal einer Danke sagt. Für die Lösung in einem solchen Konflikt braucht es die Fähigkeit, nicht nur eine, sondern zwei Seiten einzunehmen und zu verstehen.

Als ich die aufgeregte Frau K. nach einer Weile fragte, ob schon jemals ein Dankeswort die Seite oder ein Blumenstrauß seinen Besitzer gewechselt habe, beispielsweise als die Nachbarn das letzte Mal den Weg

> Wenn wir aus einem schmerzhaften Konfliktmuster aussteigen wollen, sollten wir beide Seiten verstehen.

für sie verbreiterten, schaute sie mich verdattert an und sagte mit einem bitterbösen Blick: »Wieso soll ich mich bedanken, es ist doch mein Recht.«

Wenn ich mich auf die Seite von Frau K. stelle, spüre ich, wie schwer es für sie nach der hundertjährigen Auseinandersetzung ist, ihre Position aufzugeben. Schließlich hat sie ihr Leben in den Dienst der Gerechtigkeit um diesen Weg gestellt, war bei ihrer Mutter geblieben, hatte keine eigene Familie gegründet. Der Kampf um das Wegerecht war ihr zur Lebensaufgabe geworden. Es mag sich so anhören, als sei die alte Dame für die verfahrene Situation alleine verantwortlich, doch das glaube ich nicht. Um einen solchen Konflikt aufrechtzuerhalten, braucht es immer die andere Seite, die mit zum Blühen eines scheinbar unlösbaren Interaktionsmusters beiträgt. Dieses hat sich so tief in die Köpfe und Gemüter eingegraben, dass es sich nicht ohne Unterstützung löschen und neu schreiben lässt. Es ist wie in einem Cartoon von Alfred Taubenberger: Zwei Personen laufen mit erschrecktem Blick auf den Schienen vor einem Zug davon. Rund um sie herum ist freies Land und Wiese. Da sagt der eine zum anderen: »Wenn nicht bald eine Weiche kommt, sind wir verloren.« Beide haben das gleiche Denkmuster und sind überzeugt, man könne nur über die Schienen vor dem Zug davonlaufen. Wenn nur einer von ihnen zur Seite springen und den anderen durch das lebensrettende Vorbild mitreißen würde, könnten sie ausruhen, die Landschaft genießen und den Zug und damit auch die Gefahr passieren lassen. So ist es auch mit eingeschliffenen Interaktionsmustern. Sobald die eine oder der andere etwas tut, das einen tatsächlichen Unterschied macht, funktioniert das Muster nicht mehr – es sei denn, beide beschließen, dass sie es zurückhaben wollen, weil sie ohne den Streit nicht mehr leben können. Manche Menschen werden süchtig nach der immer gleichen und nie funktionierenden »Lösung« in einem Konflikt. Die Sehnsucht aber ist wie bei allen Süchten groß und wird sich auf die anvisierte Weise nicht erfüllen und als Illusion erweisen.

In diesem Konflikt steckt auch ein bedeutsames Gemeinschaftsthema, immerhin hat das Dorf über mehr als hundert Jahre zugeschaut und die Polarisierung der beiden Seiten unterstützt, beispielsweise indem sie Frau K. seltsam finden und andere vor ihr warnen. Frau K. ist möglicherweise die Verbündete der ganzen Gemeinschaft, die davon träumt, etwas Bedeutsames über sich selbst herauszufinden. Als prozessorientierte Streitschlichterin wünschte ich mir, in einem solchen Konflikt einmal eine ganze Gemeinde zusammenzubringen. Alle könnten beispielsweise in einem offenen Forum darüber nachdenken, wie sie selbst mit Eigentum umgehen und wie schwer es fallen kann, großzügig zu sein oder mehrere Seiten gleichzeitig zu berücksichtigen.

Wenn Menschen über Jahre miteinander streiten, brauchen sie die Unterstützung der Gemeinschaft, die so etwas über sich selbst lernen kann.

Es wäre doch interessant zu erfahren, dass wir möglicherweise mitverantwortlich sind, wenn es Menschen, Einzelpersonen oder Gruppen in unseren Gemeinschaften nicht gut geht, und wir alle etwas tun können, damit es anders wird. In einer solchen Gemeinschaft, die Verantwortung übernimmt und zudem Lust hat, etwas über sich selbst herauszufinden, könnte Frau K. die Unterstützung bekommen, die sie braucht, um den Jahrhundertkampf in ihrer Familie aufzugeben. Aber selbst wenn sie ihn nicht mehr aufgeben kann, könnten die Nachbarn sie besser verstehen und wieder in die Dorfgemeinschaft integrieren.

Der Wechsel auf die eigene Seite wirkt Wunder

Fallbeispiel

In diesen Tagen hatte ich ein Gespräch mit einem jungen Mann, ich nenne ihn Jens F., der einen Dauerkonflikt mit seiner Partnerin hat. Da sie beide weit auseinander leben, sehen sie sich meist nur am Wochenende. Er wünscht sich mehr Verständnis von ihr und will von ihr so gesehen werden, wie er ist. Sie wünscht sich von ihm mehr Verbindlichkeit und will von ihm geheiratet werden. Es ist immer das gleiche Muster, an dem sie beide festhalten. Sie sind beide überzeugt, dass alles gut gehen könnte, wenn der andere nur die Wünsche und Forderungen endlich erfüllte. Das tut aber weder er noch sie und wenn doch, dann immer nur ein bisschen. Beide stehen mit ihrem Kampf in einem Niemandsland, weder richtig auf der einen noch auf der anderen Seite. Wenn Jens F. von seiner Partnerin verstanden werden will und sein Wohlbefinden von ihren Reaktionen abhängig macht, wertet er seine Wünsche ab und verlässt die eigene Seite. Er steht aber auch nicht auf ihrer Seite, weil er sie ja verändern will und sie ihn dann noch weniger versteht und vor ihm zurückweicht. Wenn ich mich in die Partnerin einfühle, kann ich aus ihrer Position nur fragen: »Warum soll ich dich verstehen, wenn du etwas anderes willst als ich. Außerdem willst du gar nicht nur, dass ich das verstehe, du willst auch, dass ich nicht mehr will, was ich will.«

Ich fragte Jens, ob es einen Unterschied machen würde, wenn er für eine Weile nur bei sich, auf seiner Seite und seinen Wünschen bliebe, etwa mit den Worten: »Ich möchte am Wochenende einen Freund besuchen« oder »Ich brauche Zeit für mich alleine«, anstatt gleich mitzudenken und zu sagen: »Ich will, dass du verstehst, dass ich einen Freund besuchen will« oder »Du musst doch verstehen, dass ich auch mal alleine sein will«. Er spürte den Unterschied sofort. Er müsste dann nicht mehr kämpfen, auch wenn sie ihn nicht versteht und wäre wirklich bei sich und seinen Bedürfnissen. Dann hätte er die Möglichkeit, sich für eine Weile auf ihre Seite zu stellen und mitzuempfinden, dass es ihr schwer fällt, an einem Wochenende auf ihn zu verzichten. Er könnte sie besser anschauen mit ihrem Wunsch nach mehr Verbindlichkeit und gleichzeitig bei sich feststellen, dass er diesen Wunsch nicht oder noch nicht spürt. Interessant ist es, dass dieser innere oder äußere Seitenwechsel nur von ihm vollzogen werden muss und schon wird die ganze Diskutiererei hinfällig und das Muster funktioniert nicht mehr. Es könnte aber, und dies kann für beide bedrohlich sein, bedeuten, dass sie sich irgendwann eingestehen müssen, nicht zueinander zu passen, weil Wünsche und Beziehungsvisionen völlig auseinandergehen. Menschen lassen sich trotz aller Liebe nicht passgenau verändern und formen, auch wenn das Bedürfnis nach Harmonie und Erfüllung, das dahintersteht, so stark ist.

Wir müssen lernen, egoistischer zu werden in unseren Beziehungen, besonders dann, wenn es uns vorgeworfen wird. Die unzufriedenen Partner haben recht: Wir sind egoistisch und werden sogar rücksichtslos, wenn wir andere Bedürfnisse haben, aber noch keine wirkliche Erlaubnis, für unsere Wünsche einzustehen. Es muss etwas Gutes an diesem Egoismus geben.

Wenn wir unsere Wünsche und Bedürfnisse bewusst ernst nehmen – »So bin ich, das will ich, das ist mir wichtig« –, dann ist die Gefahr gering, dass wir unsere Mitmenschen damit verletzen. Böse und verletzend werden wir, ohne es zu merken, wenn diese wichtige Seite in uns keine Berechtigung bekommt. Die Erlaubnis aber müssen wir uns selbst geben.

Das ist das heimliche Ziel oder der verborgene Traum in einem Beziehungskampf: Ich stehe zu mir und meinen Wünschen. Der Partner muss sich nicht ändern. So wie der eine Partner Wünsche haben darf, kann der andere traurig darüber sein oder Angst haben. Es gibt nur eine Frage, die sich beide stellen sollten: Mag ich meinen Partner so, wie er sich verhält und fühlt?

Wenn ich zu mir und meinen Wünschen stehe, muss sich mein Partner nicht verändern.

Das unstillbare Bedürfnis, den anderen zu verändern oder auf die eigene Seite zu ziehen, kann mit alten Kindheitsgeschichten und der Herkunftsfamilie zu tun haben. Das innere Kind in vielen Erwachsenen kämpft um die Befriedigung eines natürlichen und sehr alten Bedürfnisses: endlich gesehen und verstanden zu werden. Als Kinder sind wir davon abhängig, dass Vater, Mutter und andere wichtige Bezugspersonen uns sehen und verstehen. Hatten die Eltern Schwierigkeiten damit, konnte sich ein Urvertrauen, dass diese elementaren Bedürfnisse erfüllt werden, nicht sicher etablieren. Eine Partnerin, die etwas anderes will oder nicht einverstanden ist, kann alte Ohnmachts- und Abhängigkeitsgefühle auslösen. Wenn die Partnerin Nein sagt, ist das unbedingt ernstzunehmen. Das Nein will gehört werden. Was fehlt, ist ein neuer oder unpersönlicher Umgang damit. Wir verwechseln ein Nein mit Gegnerschaft, das macht es so schwer. Um ein Nein nicht als Kritik oder schlimmer noch als Untergang zu nehmen, kann es hilfreich sein, die Frage zu stellen, die immer bei Störungen und Irritationen gestellt werden kann:

Ein ehrliches und deutliches Nein ist ein großes Ja für die eigene Seite.

Was ist gut am Nein, das mich jetzt stört, was ist die Essenz des Neins und wer alles könnte es brauchen, mehr Nein zu sagen?

Apropos Nein. Während ich dies schreibe, flattert eine E-Mail von einer jungen Frau herein, mit der ich vor einem halben Jahr während meiner Reise eine Systemaufstellung gemacht habe. Das Ergebnis unserer Arbeit war ein klares inneres und später in der Trennung vollzogenes Nein zu ihrem damaligen Partner, mit dem sie schon seit Jahren unglücklich war. Sie lernte schon kurz darauf einen »wunderbaren« Mann kennen, hat ihn gerade geheiratet und erwartet ein Kind von ihm.

Ein klares Nein kann jahrelange traumatisierende Beziehungsprozesse im Privat- und Arbeitsleben beenden. Ein ehrliches Nein ist immer ein großes Ja für die eigene Seite. Das Selbstbewusstsein wird gestärkt und neue Möglichkeiten können sich auftun. Und gleichzeitig dürfen das Bedauern und die Trauer ihren Raum bekommen und ausgedrückt werden, wenn wir die andere Seite einnehmen.

Ein Gärtner erzählte mir einmal von seiner stillen Angst, die er in jedem Winter und Frühjahr habe, dass die Saat nicht aufgehen und es im Sommer kein Wachstum mehr geben könnte. Aber die Saat ist noch immer aufgegangen und der Sommer immer gekommen. So kann es uns in Zeiten nach Konflikten vorkommen, als könne aus dem Nichts auch nichts Neues entstehen. Wir haben Nein gesagt und ein neues Ja, die neue Liebe, die bessere Arbeit sind noch nicht da. Das macht

Angst: Oh weh, wenn der Sommer und die schönen Zeiten nun nie mehr kommen. Manchmal können Poeten diese Prozesse wunderschön beschreiben und ich möchte kurz aus den *Briefen an einen jungen Dichter* von Rainer Maria Rilke zitieren. Es mag in solchen Winterzeiten darum gehen, zu »reifen wie der Baum, der seine Säfte nicht drängt und getrost in den Stürmen des Frühlings steht, ohne Angst, dass dahinter kein Sommer kommen könnte. Er kommt doch!«

Ein klares eigenes Nein oder die Akzeptanz eines Neins von der anderen Seite holt Sie aus der Opferrolle heraus und macht Sie zur Mitbestimmerin über Ihr Leben. Das ist Balsam für die Seele und stärkt das Selbstbewusstsein und das tiefe Wissen, dass Sie einen großen Teil Ihres Glücks selbst schmieden.

Aus der Gegnerschaft heraustreten

In Liebesbeziehungen, Familien und in der Zusammenarbeit versuchen Menschen oft jahrelang, andere auf ihre Seite zu ziehen, und merken dabei nicht, dass sie nicht einmal selbst auf der eigenen Seite gut stehen. Menschen ändern sich in der Regel nicht, weil andere das wollen oder einfordern. Es braucht immer die eigene Motivation. Wir haben auch die Möglichkeit, den anderen als Restriktion, als unbeweglichen Berg anzusehen. Mit Bergen kann alles Mögliche passieren, aber in der Regel werden sie nicht durch Pusten und gute Zurufe abgetragen, dann doch eher von der Natur oder von schwerem Gerät. Eine neue Haltung einnehmen, der Klügere sein oder die Klügere und beispielsweise nachgeben und Mitgefühl haben für den Menschen, der sich (noch) nicht ändert oder sich für uns nicht ändern mag, kann zwischenmenschliche Natur- und Wetterumstände nachhaltig verändern. Diese neue Atmosphäre entwickelt schon eher die Kraft, die mit ein wenig Geduld und Vertrauen auch Berge abträgt und Eisblöcke zum Schmelzen bringt. Die Wirks und Passierchen aus der Traumwelt verbünden und entfalten sich.

Es mag paradox erscheinen:
Menschen treten aus der Gegnerschaft aus, wenn sie sich deutlich auf die eigene Seite stellen und sich fragen: Was will ich und was ist richtig für mich? Dann brauchen sie nicht länger die Zustimmung der anderen. Wenn wir noch kämpfen, brauchen wir unsere Gegnerinnen und Verbündete noch, um stark zu wer-

den für das Stehen auf der eigenen Seite. Wenn Sie gut auf der eigenen Seite stehen, muss der andere sich nicht länger verändern und dann können Sie auch die Seite wechseln und Mitgefühl zeigen, ohne dass unberücksichtigte Teile in Ihnen böse werden.

Das könnte sich dann so anhören: »Das ist nicht einfach für mich, dass es dir nicht gut geht mit meiner Entscheidung« – und dann der Seitenwechsel: »Aber ich werde tun, was ich tun muss, und ich kann es auch nicht diskutieren, weil es wirklich meine Sache ist« – und dann wieder ein Seitenwechsel: »Es tut mir dennoch leid, dass du mich nicht verstehen kannst.« Und so weiter.

Es ist paradox: Wenn wir uns auf die eigene Seite stellen, treten wir aus der Gegnerschaft heraus.

Das ist kein Leitfaden für alle Fälle und keine leichte Kommunikationsregel. Sie müssen es selbst fühlen und ausprobieren. Vielleicht gibt es noch viele Grenzen und dann werden Sie es nicht schaffen, auf die eigene Seite zu gehen, und brauchen Unterstützung. Gefühle von Einsamkeit und Traurigkeit können sich einstellen, wenn wir vom Gegenüber nicht mehr verlangen, sich zu ändern. Solange wir kämpfen, haben wir die Illusion, dass alles sich zum Guten wendet, wenn sich nur der andere ändert und etwas einsieht. Aber wenn die andere nur Ja sagt, weil sie schwach ist, dann ist es bloß ein halbes Ja, und wir können es nicht annehmen und werden die nächste Forderung stellen. Die eigenen Wünsche sind nie schlecht: Ich will gesehen werden, ich will geliebt werden, ich will frei sein. Aber da ist tatsächlich niemand, der es uns erlauben muss oder in die Pflicht genommen werden kann. Es ist ein spannender Weg herauszufinden: Wo stehe ich, was will ich wirklich und was nicht und wie schaffe ich es, die Verantwortung dafür zu übernehmen und die zeitweilige Getrenntheit und Einsamkeit auszuhalten, wenn die Erfüllung noch auf sich warten lässt.

Wenn Menschen miteinander kämpfen – stellen Sie sich zwei Personen vor, die miteinander ringen oder fechten! –, sind sie meist zu nah beim anderen und reagieren nur noch auf den Gegner, können aber den Ausgangspunkt und den eigenen Standpunkt kaum mehr bestimmen, weil es bloß noch ums Gewinnen geht. Der bewusste Seitenwechsel kann zur Verschnaufpause werden und dazu beitragen, den eigenen guten Standort wiederzufinden.

Wenn Sie aber noch in einen fiebrigen Kampf verstrickt sind und Sie sich um Seitenwechsel und solche Dinge noch nicht scheren und auch noch nicht loslassen können, dann müssen Sie noch kämpfen und brauchen wahrscheinlich Hilfe dabei, Ihre Kraft zu entdecken. Eine tiefe Einsicht, die beispielsweise Loslassen erleichtern kann, lässt sich nicht herbeirufen. Irgendwo habe ich einmal gelesen, Loslassen sei ganz einfach, ich brauchte nur einen Stein in die Hand zu nehmen und ihn loslassen. Ich muss gestehen, dass es bei mir so nicht funktioniert, selbst wenn ich schon lange ahne oder richtiggehend weiß, dass Loslassen unumgänglich ist. Ich brauche immer eine Erfahrung, die mir eine neue Haltung erlaubt oder mich ordentlich durchrüttelt. Und sei es eine innere Erkenntnis oder ein Aha-Erlebnis. Haltungsänderungen brauchen Zeit und vor allem Verständnis und Liebe für die eigene Seite.

Ich glaube nicht an Loslassen aus purer Einsicht oder dass Loslassen besser ist als Festhalten. Zu einem bestimmten Zeitpunkt in Ihrem persönlichen Wachstumsprozess kann Festhalten wichtiger sein: weil die Seite, die festhält, erst verstanden werden will – vor allem von Ihnen selbst. Halten Sie fest, solange Sie nicht loslassen können.

Verstärken Sie das Festhalten in einer inneren Arbeit sogar noch, wenn Festhalten gerade die stärkere Kraft in Ihnen ist. So haben Sie eine Chance, Ihre Wünsche besser zu verstehen und zu überprüfen, ob Ihr Verhalten tatsächlich hilfreich ist. Halten Sie in Gedanken Ihren Gegner oder Ihre Partnerin ganz fest, fesseln Sie ihn oder sie, zerren Sie innerlich ordentlich am anderen herum, stellen Sie sich vor, wie Sie ihn anschreien, dass er verdammt noch mal nicht so ist, wie Sie ihn gerne haben wollen und was auch immer Ihnen einfällt. Warten Sie einfach ab, was dann passiert. Vielleicht vollziehen Sie einen inneren Seitenwechsel und bekommen Mitgefühl mit Ihrem Gegenüber und erkennen vielleicht, dass er Ihre Bedürfnisse nicht erfüllen kann und auch nicht dafür zuständig ist. Gehen Sie innerlich auf diese andere Seite. Dann kommen Sie zurück zu sich selbst und spüren vielleicht, wo Ihre Wünsche herkommen und an wen sie eigentlich gerichtet sind oder früher einmal waren. Wenn diese Dinge, an die Sie sich erinnern, traurig sind und Sie umzuwerfen drohen, dann suchen Sie sich eine gute Therapeutin oder einen guten Berater, der Ihnen zur Seite steht und vor allem auf Ihrer Seite steht.

> Wenn wir noch nicht loslassen können, sollten wir festhalten und herausfinden, was wir wirklich wollen und brauchen.

Erst wenn wir auf der eigenen Seite gut stehen und nicht mehr die Zustimmung der anderen dafür brauchen, können wir den anderen sehen und ihn trotzdem anerkennen, auch wenn er nicht so ist, wie wir es uns wünschen, und nicht dasselbe will. Wir treten aus der unseligen Gegnerschaft heraus.

Auf der eigenen Seite gut stehen ist praktizierte Selbstliebe und sehr wahrscheinlich hilfreicher als die *Forderung*, sich selbst zu lieben. Das zu schaffen kann zu bestimmten Zeiten unmöglich sein und uns das Leben zusätzlich schwer machen, weil wir das scheinbar Einfachste nicht hinkriegen: Liebe dich selbst. Wirklich einfacher ist es sich zu fragen: Auf welcher Seite stehe ich gerade jetzt? oder: Wie kann ich es schaffen, auf der eigenen Seite gut zu stehen?

Viele Menschen brechen beispielsweise einen Konflikt ab, weil sie die anderen nicht nerven wollen. Auf der eigenen Seite zu stehen, könnte bedeuten, weiter zu nerven und etwa wie folgt mit den Menschen auf der anderen Seite zu sprechen: »Ich weiß, dass ich euch jetzt verärgere, aber ich kann noch keine Ruhe geben; ich habe ein Problem und ich will, dass wir das lösen und brauche eure Unterstützung dabei.« Vielleicht haben Sie gemerkt, dass auch diese Sätze einen Seitenwechsel und damit eine Würdigung der anderen Seite beinhalten. Sie vollziehen mit diesem Seitenwechsel nur das, was Sie innerlich sowieso tun: Sie haben Mitgefühl mit der Seite der anderen, die genervt sind. Also drücken Sie das aus, bevor die anderen allzu böse werden. Vielleicht haben Sie noch etwas be-

Wenn wir auf der eigenen Seite gut stehen können, ist das praktizierte Selbstliebe.

merkt: Um diesen Satz zu sagen, brauchen Sie nicht von Selbstliebe erfüllt zu sein. Es reicht, wenn Sie auf der eigenen Seite stehen. Dann können Sie ruhig den anderen mitteilen, dass auch Sie selbst gerade denken, dass Sie nervig und eine Zumutung sind. Danach springen Sie schnell wieder auf die eigene Seite und finden heraus, was diese zu sagen hat und warum sie nerven muss.

Wenn wir böse werden, ist das ein Zeichen

Wenn wir sehr böse werden und an dem Bösesein festhalten, dann haben wir in der Regel ohne es zu merken in einem wichtigen Aspekt zu lange auf der anderen Seite gestanden und die eigene Wahrheit noch nicht ausreichend zu Wort kommen lassen. Oder wir hatten in früheren Zeiten Gründe, böse zu sein, durften uns aber nicht wehren. Ich habe schon viele Menschen getroffen, die eine wunderbar böse Seite in sich versteckt hatten. Allerdings versteckten sie diese mehr vor sich selber, als dass es ihnen vor den anderen gelungen wäre. Während sie also selbst noch dachten, sie sprächen höflich und freundlich oder geradezu freundschaftlich, zückten die Menschen draußen schon ihre Verteidigungswaffen und fühlten sich gekränkt oder wollten mit der Person nichts mehr zu tun haben. Die Doppelsignale und die Reaktionen der anderen darauf zeigen, dass etwas noch nicht in Ordnung ist, dass etwas gesehen und verstanden werden will.

Fallbeispiel Auf meiner Reise lernte ich eine Frau kennen, die eine böse Seite in sich hatte, die sie selbst noch nicht kannte. »Wie alt sind Sie?«, wollte sie von mir wissen. Als ich ihr antwortete, dass ich achtundvierzig bin, schaute sie mich abschätzig von oben bis unten an und bemerkte in einem harten und mir unfreundlich klingenden Ton: »Das sieht man Ihnen aber nicht an.«

Wenn wir nur auf die Worte schauen, hätte es ein Kompliment sein können, aber im Ton steckten noch weitere Signale, durch die ich mich schon nach kurzer Gesprächszeit nicht mehr wohl in meiner Haut fühlte. Ich musste diesen Empfindungen Raum geben. Ich sprach also an, wie komisch ich mich nach ihrer Bemerkung gefühlt hatte und dass ich sie nicht als Kompliment hatte empfinden können. Meine Hypothese war, dass solche Situationen wie mit mir immer wieder entstanden, ohne dass die Frau es bemerkte, und dass ihre Gegenüber dann ihrerseits böse bzw. zu Gegnern aufgeträumt werden. Sie war völlig verdutzt über meine Reaktion und meine Gedanken, kurz darauf aber hatten wir eine gute Basis, um zu arbeiten. Der »böse Geist« war entdeckt worden und brauchte kein Schattendasein mehr führen. Es war überraschend, wie liebevoll sie mich danach anschauen konnte.

Diese Erfahrung mache ich oft: Wird der Geist oder die Rolle hinter einem seltsamen Verhalten oder Doppelsignalen angesprochen, ist das Versteckspiel nicht mehr nötig. Ganz wichtig ist es dabei, dass wir die Menschen und ihre Signale nicht abwerten, wenn wir sie bemerken und ansprechen. Das weitere Gespräch war sehr bereichernd für sie. Sie konnte erkennen, wie sehr sie sich selbst abwertete, und verstand besser, warum andere sich von ihr abwandten oder plötzlich zu Gegnern wurden und wie sie selbst an diesem Prozess beteiligt war.

Es muss furchtbar sein, wenn ich mich nicht wehren kann, z.B. weil ich tief innerlich denke, die anderen haben vielleicht recht, wenn sie hässliche Bemerkungen machen. Dann muss eine Seite fuchsteufelswild werden, ob sie sich nun schon offen zeigen darf oder nicht. Diese wilde und böse Seite in uns braucht eine offene Stimme und ein Recht, sich auszudrücken. Oder die unbeabsichtigten Gesten und Signale tun es für sie. Diese stehen schon jetzt für unsere Seite ein. Wenn wir unsere Kraft und unsere Stärke bewusst annehmen, also selbstbewusst werden, erübrigen sich viele Auseinandersetzungen und die liebevolle Seite in uns darf sich entfalten.

Überraschende Lösung eines zu erwartenden Konflikts

Wir haben häufig eine Grenze, schwierige Dinge, Wünschenswertes und Kritisches anzusprechen, weil wir Angst vor der Reaktion der anderen haben. Oder weil es Regeln und innere Stimmen gibt, die besagen, dass man das so nicht aussprechen darf. Wie kommen wir aus dem Dilemma heraus? Stellen Sie sich vor, Sie haben einen Kollegen, der Mundgeruch hat, so schlimm, dass alle Kollegen im Büro bereits einen Sicherheitsabstand halten. Was kann passieren, wenn niemand mit dem Kollegen darüber spricht? Er wird mit Sicherheit bemerken, dass die Kollegen zurückweichen, und sich nicht wohl fühlen oder sich Gedanken machen. Wahrscheinlich hat er eine Grenze zu fragen, was los ist. Er zieht sich zurück, will sich aber auch nichts anmerken lassen. Seine Doppelsignale aber sprechen eine eindeutige Sprache: »Ich mag euch auch nicht, ich habe Angst vor euch ...« Die Kollegen werden denken: »Nun hat er schon Mundgeruch und nervt uns damit und außerdem ist er auch noch unmöglich und es macht keinen Spaß, mit ihm zu arbeiten.«

Nun könnte es sein, dass der Mundgeruch alleine schon ein Doppelsignal ist, etwa »Kommt mir ja nicht zu nah«, aber das spielt keine Rolle für die Kollegen, weil sie erst einmal nur ihr eigenes Verhalten ändern können, z.B. den Mundgeruch ansprechen, statt die Abneigung zu verstecken. Am besten wird dies gelingen, wenn sie nicht nur den störenden Mundgeruch ansprechen, sondern auch, dass es sicher nicht leicht ist, so etwas von anderen gesagt zu bekommen. Dafür müssen sie die Seite wechseln und den Seitenwechsel kommunizieren. Hier ein Beispiel: »Ich möchte dir gerne etwas sagen, was mir sehr schwer fällt, weil du es vielleicht nicht hören möchtest. Du hast einen starken Mundgeruch, dass man sich dir gar nicht richtig nähern mag. Das tut mir leid, dass ich dir das so direkt sagen muss, aber ich dachte, dass es besser ist, wenn du es weißt. Man merkt das ja selbst nicht ...«

> Wenn wir den Seitenwechsel kommunizieren, können wir die schwierigsten Dinge ansprechen.

Es geht nicht darum, dies als Trick zu verwenden, sondern das, was wir sowieso fühlen, mit hinein in die Kommunikation zu nehmen. Dann stehen wir auf unserer Seite, indem wir Unangenehmes sagen, und gleichzeitig auf der anderen Seite und können Mitgefühl haben für die Kollegin oder wen auch immer, die sich das jetzt anhören und das Beste daraus machen muss. Und wenn ich es mir genau überlege: Wir stehen auch auf unserer Seite, weil wir unsere Empfindungen von Zuneigung, Mitgefühl und unseren Wunsch nach Kooperation nicht aufgeben, indem wir den Seitenwechsel bewusst und laut vornehmen.

Diese Art von Seitenwechsel, der sich von einer trickreichen Kommunikationsregel unterscheidet, habe ich in Seminaren und Übungen zur Prozessarbeit in Oregon und Berlin kennengelernt. Sie wird von Klienten wie auch von den Zuhörern in meinen Vorträgen sehr begeistert aufgenommen.

Und hier noch ein Hinweis: Manche Menschen denken, sie können schwierige Dinge erst ansprechen, wenn es ihnen gut damit geht. Vergessen Sie das, falls Sie das auch meinen sollten. Es fühlt sich fast immer miserabel an, wenn wir Kritisches oder Unangenehmes zum Besten geben, wo wir uns viel lieber gut mit allen verstehen möchten. Es kann sich auch dann noch miserabel anfühlen, wenn Sie den Seitenwechsel schon gut beherrschen. Wenn Sie mitleiden oder Hemmungen haben, haben Sie wahrscheinlich ein besonderes Gespür für die menschliche Verletzbarkeit, für die eigene und die der anderen Seite. Außerdem wissen Sie ja noch nicht, wie die andere Person reagiert und wie Sie selbst reagieren werden, wenn Ihr Gegenüber lieber mit Ihnen kämpfen will.

Wenn Sie bis hierher gelesen haben, haben Sie wahrscheinlich schon ein Gespür dafür, dass Sie vor bedeutsamen Empfindungen und Konflikten nicht davonlaufen können. Alles Wichtige kommt dank der unbeabsichtigten Signale und der im Hintergrund verborgenen Prozesse zurück und wartet auf Bearbeitung und Entfaltung. Die Träume und tiefen Wünsche bahnen sich ihren Weg auch im Verborgenen oder auf großen Umwegen.

In die Praxis umgesetzt:

Innere Arbeit und Seitenwechsel in einem Konflikt

Wenn Sie mitten in einem Konflikt sind und im Kampf nicht mehr genau wissen, wo Sie stehen und was Sie wollen, dann kann folgende innere Arbeit und Übung Ihnen helfen, Ihre eigene Seite zu finden und die andere Seite besser zu verstehen. Ein Freund oder eine Freundin kann Sie unterstützen und zuhören, wenn Sie diese Übung machen.

- Denken Sie an den Konflikt, schauen Sie wie von außen auf die streitenden Personen und denken darüber nach, was die beiden da gerade tun. Schreiben Sie die Namen der in die Auseinandersetzung involvierten Personen auf kleine Zettel und überlegen Sie, wo diese Personen gerade stehen. Markieren Sie mit den Zetteln deren Positionen im Raum.

- Gehen Sie erst einmal in die eigene Position, spüren sich ein und sagen dann laut, was Ihnen hier wichtig ist: »Ich will, ich denke, ich wünsche mir ...« Assoziieren Sie frei und lassen Sie alle Gedanken zu, die Ihnen kommen.

- Wenn Sie spüren, dass Sie innerlich auf die andere Seite gehen, dann vollziehen Sie den

Seitenwechsel auch tatsächlich und stellen sich auf die andere Seite. Welche Wünsche, Gedanken und Absichten gibt es auf dieser Seite? Wechseln Sie, wenn Sie den Wunsch danach verspüren.

- Wechseln Sie mehrere Male, bis Sie merken, es verändert sich etwas in Ihnen.

- Zwischendurch können Sie auch zurück in die Außen- oder Metaposition gehen und die Situation aus einer neutralen Sicht anschauen und beschreiben. Wenn Sie den Wunsch verspüren, diese dritte Position einzunehmen, dann tun Sie es.

- Wenn Sie den Eindruck haben, dass Sie nach mehreren Seitenwechseln etwas Wichtiges verstanden haben, dann suchen Sie sich einen bequemen Ort und fassen dort das Ergebnis dieser Übung zusammen. Wie können Erkenntnisse und neue Einsichten in die nächste Begegnung mit Ihrem Gegner oder Ihrer Verbündeten einfließen?

- Wenn Sie eine Begleiterin oder einen Freund dabeihaben, dann erzählen Sie ihm oder ihr, was Sie aus der Übung mitnehmen und wie es Ihnen jetzt geht.

Weisheit und Tiefe Demokratie

Eine Perspektive für unsere Familien, Gruppen und Organisationen

In der Prozessarbeit werden zwei grundlegende Haltungen beschrieben, die in schmerzhaften Konflikten und zwischenmenschlichen Krisen bis hin zu Kriegen gebraucht werden: erstens Ältestenschaft oder Ältestenweisheit (aus dem Amerik. *Eldership*), wie sie bei den indianischen Völkern eine tragende Rolle spielt, und zweitens das Prinzip der Tiefen Demokratie, das prozessorientierte Veränderungs- oder auch Weltarbeit fördert oder überhaupt erst möglich macht.

Wir brauchen Menschen, die sich ihrer Weisheit bewusst werden, die weise Beobachtungen machen und entsprechende Entscheidungen treffen. Diese können das Zusammenleben und -arbeiten in unserer Welt zu einem Gemeinschaft fördernden Erlebnis machen. In beruflichen Beratungen und in der Arbeit mit Eltern habe ich die Erfahrung gemacht, wie erleichternd es für Menschen sein kann, wenn sie sich angesichts eines schmerzhaften Konflikts ihrer im Verlaufe ihres Lebens erworbenen Weisheit, aber auch ihres damit verbundenen Rangs bewusst werden und sich entsprechend verhalten können. Ganz besonders Eltern, die sich mit ihren jugendlichen Kindern quälen, und Menschen im Arbeitsleben, die sich mit jüngeren Chefs und Mitarbeitern herumschlagen, profitieren davon.

Wenn Weisheit im Spiel ist, wird auch Tiefe Demokratie möglich. Tiefe Demokratie ist ein Prinzip, das Arnold Mindell als Grundhaltung seiner Arbeit mit Einzelnen wie auch mit großen Gruppen geprägt hat. Alle Menschen, Gefühle, Stimmungen und Ansichten in einem Konflikt haben eine Berechtigung und sollten gehört werden. Das macht es möglich, besonders die abgelehnten Seiten in uns und in unseren Gruppen (Aggressivität, Neid, Schuld, Intoleranz u.a.) wie auch unsere schlimmsten Verhaltensweisen anzuschauen, ihren bedeutsamen Ausdruck und die dazugehörige Rolle innerhalb der Gruppe oder des Systems zu verstehen und in bewegenden Prozessen zu verwandeln. Einzelne und Gruppen erkennen, was sie wirklich brauchen, um sich zu verändern und in der Gemeinschaft mehr Glück und Zufriedenheit zu finden.

Was genau ist Weisheit und wer ist weise? Mit dieser Frage hat sich im vergangenen Jahrzehnt die psychologische Weisheitsforschung in Europa und in den USA beschäftigt und ist zu folgenden Ergebnissen gekommen: Weise sein bedeutet, ein tiefes Wissen über das Leben und den Umgang mit schwierigen Lebenssituationen zu haben. Weise Menschen berücksichtigen, dass Menschen in Abhängigkeit von ihrem Umfeld und ihrer Kultur verschieden sind und immer auch der Kontext wichtig ist, in dem sie sich verhalten. Weise Menschen sind tolerant und zei-

> Weise Menschen sind tolerant, haben Mitgefühl und Verständnis und wissen, dass wir lernen, wenn wir Fehler machen und Umwege gehen.

gen Mitgefühl und Sympathie auch für Menschen, die anders sind als sie selbst. Sie sind bereit Fehler einzusehen, lernen daraus und können schneller eine neue Perspektive einnehmen.

Nicht nur alte Menschen können weise sein. Ein interessantes Forschungsergebnis ist, dass Menschen weisere Einschätzungen abgeben, nachdem sie über Weisheit nachgedacht und gesprochen haben, und dass Weisheit trainiert werden kann. Diese Erfahrung teile ich. Schon wenn ich mit einzelnen Klienten oder in Gruppen nur kurz über Weisheit spreche und was sie verändern könnte, wenn wir uns das Problem anschauen, verändert sich etwas. Als hätten wir den Geist der Weisheit schon gerufen. Das Problem und die damit verbundenen Schwierigkeiten in Beziehungen und in der Welt können als notwendiges Entwicklungs- und Reifungsthema gesehen werden, das auf einmal Sinn macht. Die Menschen sind nicht mehr so streng mit sich selbst oder anderen und die Bereitschaft, auch scheinbar paradoxe Lösungswege zu gehen, erhöht sich.

Eine von Weisheit geprägte Haltung macht es leichter, die Umwege und Zickzacklinien, die wir in unserem Leben wie auch in einem Konflikt gehen müssen, anzunehmen. Lebenswege und Konfliktgeschichten beschreiben nur scheinbar einen Umweg. An ihren Zickzackwendungen und Flussbiegungen können sie zu wunderbaren Aussichts- und Einsichtspunkten werden, die wir unbedingt brauchen. Weisheit über alle Kulturen hinweg weiß darum. Wenn ein Ball den Berg hinunterrollt, wählt er nicht die kürzeste Strecke, sondern den Weg mit der geringsten aufzuwendenden

Energie; der Stein beschreibt eine Zickzacklinie. In der Physik bezeichnet man diesen Weg als *least action*, den Weg mit dem geringsten Energieaufwand – so wie auch ein Fluss nicht gerade verläuft, sondern sich immer den leichtesten Weg durch die Erde und Formationen gräbt.

> Dem Fluss des Lebens oder dem Zickzack unseres Prozesses folgen heißt vor allem, die eigenen Empfindungen und dabei besonders die unangenehmen und unerwünschten ernst zu nehmen und sie zu leben, bis wir sie verstanden haben. Unsere Gegner bleiben auf diesem natürlichen Weg nicht länger die bösen Türsteher, die unser Fortkommen stören oder verhindern, sondern werden zu Wegbegleitern und manchmal auch Wegbereitern.

In Paulo Coelhos Erzählung *Der Alchimist* wird die Geschichte des spanischen Hirtenjungen Santiago erzählt, der von einen großen Schatz bei den ägyptischen Pyramiden träumt. Er trifft gleich am Anfang der Geschichte auf einen alten weisen Mann, der ihm hilft, seinen Traum ernst zu nehmen. Schließlich begibt sich Santiago auf die gefährliche Reise. Unterwegs passieren ihm viele Missgeschicke, alles ersparte Geld wird ihm in der Hafenstadt Tanger geklaut, immer wieder entfernt er sich von dem direkten Weg. Aber gerade in den Umwegen, die er gehen muss, liegt eine große Kraft. Diese Erfahrungen transformieren ihn. Sie schaffen die Voraussetzung dafür, dass er weitergehen kann und reifer wird. So werden selbst der Dieb in Tanger und andere Menschen, die ihm Böses wollen, zu Verbündeten. Er nähert sich auf dem erfahrungsreichsten

Weg, im Zickzackkurs seinem Traum. Am Ende stellt sich heraus, dass es gar nicht wirklich um einen bestimmten Schatz ging, sondern um den Weg dahin und die Menschen, die er auf diesem Weg kennenlernte. Das sind die Schätze, die er finden musste. Coelhos mythisches Märchen wurde von vielen Millionen Menschen in der ganzen Welt verschlungen. Sehr wahrscheinlich ist es deswegen so erfolgreich, weil es von der großen menschlichen Sehnsucht nach Weisheit erzählt.

Eine weise Haltung verurteilt Umwege und Misserfolge nicht, sondern zeigt Verständnis. Wir wünschen uns, Fehler machen zu dürfen und zu lernen, wir wollen gerne mutig sein, wenn wir auch zaghaft sein dürfen.

Die Weise weiß, dass Menschen sich in Ideen und Luftschlösser verrennen und oft seltsame Entscheidungen treffen und dass es trotzdem weitergeht. Der Weise unterstützt Menschen, ihren Weg zu gehen und ihren Schatz zu finden, statt sie zu verurteilen, wenn sie sich nicht korrekt verhalten. Weise Menschen wissen um die Relativität von Glaubenssystemen und kennen ihre Abhängigkeit von Kultur und Zeitgeist. Ein weiser Mensch

Wir sehnen uns nach Weisheit und Menschen, die die Rolle der Weisen oder des Weisen endlich einnehmen.

erkennt den Traum und die Entwicklungswünsche im Hintergrund seltsamer Verhaltensweisen und unglücklicher Bemerkungen. Eine weise Frau weiß, dass politische Korrektheit manchmal nicht weiterhilft, beispielsweise, wenn wir von Toleranz sprechen, sie aber nicht wirklich fühlen und eine entsprechende Haltung in einem Konflikt noch nicht einnehmen können.

Ein Arbeitskonflikt, in dem nur eine Person die Rolle der Weisen oder des Weisen annehmen kann und in der Tiefe versteht, was passiert ist und noch geschehen will, kann sich sofort lösen. Gleichermaßen kann sich der Hass auf einen Bruder in Liebe verwandeln, die Wut auf eine Arbeitskollegin in Mitgefühl, Scham und Schuld in einer Gruppe in Selbstbewusstheit und ein größeres Selbstbewusstsein.

Weisheit in Arbeitsbeziehungen

In Einzelaufstellungen lasse ich Menschen schon seit Jahren eine Weisheitsposition, »die Weise oder der Weise in dir« einnehmen. Ich kann beispielsweise fragen: »Stelle dir einmal vor, du bist 70 Jahre alt und schon ein bisschen weiser und schaust auf dich heute. Was würdest du dir selbst raten?« Das eröffnet meist einen neuen Blick auf das Problem und erlaubt eine wohltuende Haltungsänderung, die vorher unmöglich schien.

In der prozessorientierten Veränderungsarbeit wird weisen Menschen ein hoher Rang zugewiesen. Wir brauchen weise Menschen, die in Konflikten und heißen Gruppenprozessen Verständnis und Mitgefühl für alle Seiten aufbringen können. Es braucht Menschen, die weit über politische Korrektheit hinausgehen und sich selbst und ihre Wertsysteme in Frage stellen können. Wenn Menschen sich ihres Rangs durch Weisheit bewusst werden, spüren sie die Kraft und Stärke, die ihnen diese verleiht. Das Selbstbewusstsein wird erhöht, sie haben weniger Angst vor anderen oder Furcht zu versagen. Sie spüren, dass sie dadurch über den Rang, den sie in der sozialen Hierarchie genießen, hinauswachsen können. Bereits eine kurze Selbsteinschätzung auf einer Skala von eins bis zehn oder ein kurzes Gespräch darüber kann diesen Zuwachs an Stärke bewirken. Damit arbeite ich sehr viel und habe überraschend gute Erfahrungen gemacht.

Fallbeispiel

Im vergangenen Jahr coachte ich eine etwa fünfzig Jahre alte Frau und Mitarbeiterin einer sozialen Einrichtung, die mit dem jüngeren Geschäftsführer nicht gut zusammenarbeiten konnte. Sie beklagte, dass er zu wenig empathisch im Umgang mit seinen Mitarbeitern sei, außerdem treffe er keine guten Personalentscheidungen. Sie konnte nur noch Mängel und kaum Positives an ihm entdecken und war entsetzt über einige Fehler, die er ihrer Ansicht nach in der Rolle des Leiters nicht machen dürfe. Ich kannte sie von früheren Trainings als starke Mitarbeiterin, es passte nicht zu ihr, sich so sehr vom Wohlverhalten des Geschäftsführers abhängig zu machen. Ich erzählte Ute W., wie ich sie hier nenne, von einer bedeutsamen Beobachtung in der Prozessarbeit: Wir fokussieren in Arbeitsbeziehungen zu sehr auf die normale Hierarchie, die Führungskräfte von Untergebenen unterscheidet, und haben häufig zu hohe Erwartungen an Menschen mit mehr hierarchischem Rang. Der eigene Rang in Bezug auf Weisheit und Erfahrungswissen, das wir im Verlaufe des Lebens erworben haben, ist uns nicht bewusst und so spüren wir auch nicht die daraus resultierende Stärke.

Ich schlug ihr sowohl eine Skalierung ihres hierarchischen Rangs als auch ihres psychologischen und spirituellen Rangs vor, ein Vorgehen, wie es Max Schupbach in einer Weiterbildung in Berlin zur Bestimmung des Gesamtrangs einer Person in einem Arbeitskonflikt vorgeschlagen hat. Der hierarchische Rang ist gegeben durch unsere soziale Position im Arbeitssystem. Zum psychologischen Rang gehören unser Selbstwert und Selbstbewusstsein, unsere Fähigkeit, trotz widriger Umstände glücklich zu sein, und unsere Stärke, die wir durch Lebenserfahrung erworben haben. Spiritueller Rang meint die Verbundenheit mit einem tiefen Glauben an das Göttliche oder das Gute im Menschen. Auch das verschafft uns Rang, der uns häufig unbewusst ist.

Ziel einer solchen dreifachen Selbsteinschätzung ist das Bewusstmachen der tatsächlichen Macht und Stärke, die wir haben. Wenn wir einseitig auf die soziale Hierarchie schauen, werden wir unbewusst darüber, wie groß unsere seelische Kraft ist, die auf andere einen starken Einfluss haben kann. Wenn uns diese Kraft nicht bewusst ist und sich beispielsweise hinter Besserwisserei versteckt, wird sie zum Doppelsignal und die anderen wehren sich dagegen. Interessant ist, dass der Besserwisser denkt, alle sollten es besser wissen. Ute W. war nicht bewusst, dass das Wissen und die tiefen Einsichten, die sie selbst hat, nicht allen gleichermaßen zur Verfügung stehen, sondern etwas Besonderes sind. Wenn wir bewusst das tun, was wir sowieso schon tun, dann können wir die Rollen einnehmen, die wirklich zu uns passen. Aus der Rolle der Besserwisserin kann sich durch Bewusstheit die Rolle der Weisen herausschälen.

Ergibt sich nach Zusammenzählen aller drei Rangeinschätzungen ein höherer Rang, dann ist die Frage nicht mehr, was erwarte ich von meinem Chef und was sollte er sich besser nicht erlauben, sondern wie kann ich ihn unterstützen. Tatsächlich ergab sich für Ute. W. ein höherer Gesamtrang, was nicht erstaunte. Wir kennzeichneten eine Karte mit einem Symbol für ihren hohen Weisheitsrang, sie nahm diese in die Hand und stellte sich in die eigene Position. Es war frappierend, wie sehr sich ihre Einstellung durch das Bewusstwerden des eigenen Weisheitsranges und das kurze Gespräch darüber verändert hatte. Sie konnte ihren Chef und seine »Fehler« und die besonders schwierige Situation, in der er sich aus vielerlei anderen Gründen befand, viel deutlicher sehen und eine völlig neue Haltung einnehmen. Sie war nicht länger die Bittstellerin, die etwas von ihm brauchte, sondern wurde zur Mitarbeiterin, die ihn unterstützen konnte.

Bei der nächsten Supervision zwei oder drei Monate später erzählte sie von den Veränderungen: Sie sorgte jetzt für regelmäßige Treffen und Gespräche mit ihrem Vorgesetzten, sie war seine Mentorin geworden, eine Rolle, die zu ihrem Alter und ihrem Wissen viel besser passte. Sie erlebte sich als selbstbewusster und stark und er profitierte von ihrer neuen Haltung, ihrer guten Intuition und ihren Ratschlägen und konnte sie jetzt annehmen.

Es ist erfreulich, wie das Bewusstwerden der eigenen Stärke durch Weisheit eine Welle von neuen Verhaltensmöglichkeiten wachrufen kann. Das hat sich auch in vielen anderen Beratungen so gezeigt. Die Menschen können aus der bedrückenden und unfruchtbaren Gegnerschaft heraustreten und sich auf ein neues Miteinander einlassen.

Umgekehrt können Menschen, die in der Skalierung und Einschätzung ihres Rangs einen niedrigeren Wert aufweisen, ihre Vorgesetzten um Weisheit und Unterstützung bitten. In solchen Fällen allerdings kommt es nicht ganz so schnell zu einer Haltungsänderung, so ist meine Erfahrung. Alte und sehr zähe Glaubenssätze oder elterliche Leitsätze können den Prozess blockieren. Eine Bitte an Ranghöhere zu stellen, fällt vielen Menschen schwer, weil sie nicht bedürftig erscheinen wollen oder Bitten früher zu oft abgelehnt wurden. »Ich brauche Unterstützung, ich weiß nicht mehr weiter ...«, dies zuzugeben kann grenzwertig sein. Hier ist es interessant, eine Weile an der Grenze stehen zu bleiben und zu schauen: Was braucht es noch, um sie zu passieren? Wenn beispielsweise kein Vertrauen da ist, dass Menschen mit mehr Rang überhaupt zuhören und Hilfsbedürftigkeit akzeptieren können, dann kann es hilfreich sein, sich die Beziehungen zu den Eltern noch einmal anzuschauen. Angesichts der Eltern spüren die Betroffenen ihre alte Sehnsucht, gesehen und anerkannt zu werden. Hier kann es nützlich sein, mit dieser Sehnsucht zu gehen und in einer Systemaufstellung oder inneren Übung Kraft bei guten Verwandten, Großeltern oder anderen Menschen zu holen, die sie früher unterstützt haben. Durch diese Kraft bekommen wir ein Gespür dafür, wie gut es sich anfühlt, zu unterstützen und unterstützt zu werden. Diese Erfahrung nehmen wir mit in die Arbeitssituation. In der Regel fällt es jetzt leichter, aus der Gegnerschaft heraus die Rolle eines Menschen einzunehmen, der um Hilfe und Unterstützung bitten wie auch sie annehmen kann.

Wundermittel Weisheit für Eltern und Großeltern

Als systemische Therapeutin habe ich in den vergangenen Jahren sehr viel mit Eltern, vor allem Müttern gearbeitet, die sich Sorgen um ihre jungen erwachsenen Kinder machen. Eltern haben immer viele Ideen und Ratschläge für ihre Söhne und Töchter, was diese in einer schwierigen Lebensphase besser tun sollten, und können es schwer aushalten, wenn sie nicht angenommen werden. Meine These: Wenn Ratschläge dauerhaft nicht angenommen werden, dann stimmt auch etwas nicht mit ihnen. Vielleicht sind sie getarnte Forderungen oder sie passen nicht zu den Erfahrungen, die die Kinder machen müssen, um etwas Wichtiges herauszufinden oder zu lernen. Wahrscheinlich folgen die Ratschläge, auch wenn sie noch so gut sind, nicht dem natürlichen Prozess und werden deswegen abgelehnt. Die Weisheit des natürlichen Flusses stellt sich gegen die Vernunft.

Wenn Ratschläge getarnte Forderungen sind, werden sie nicht angenommen.

Fallbeispiel Ich erinnere mich an eine Mutter, deren Tochter eine Essstörung hatte, aber jede Therapie ablehnte, obwohl die Notwendigkeit so offensichtlich war. Als wir über Weisheit sprachen und die Erfahrungen, die Menschen machen müssen, um gute Entscheidungen zu treffen, konnte die Mutter spüren, dass es für den Weg der Tochter besser ist, wenn sie sich mit ihren Ratschlägen zurückhält. Eine Therapie kann tatsächlich nur begonnen werden, wenn ein Mensch das wirklich will. Häufig braucht es einen großen Leidensdruck, um die Motivation dafür herzustellen. Genauso war es auch. Eine gewisse Zeit nach unserer Sitzung entschied sich die Tochter von alleine, eine Therapie zu beginnen. Hätte die Mutter noch mehr und länger insistiert, wäre dieser Prozess eventuell verlangsamt worden.

Für Eltern ist es unsäglich schwer, das Leiden ihrer Kinder, die Drogensucht, die Essstörung, eine belastende und unvernünftige Liebesgeschichte, auszuhalten. Sie kämpfen dann mit diesen um Einsicht. Wenn es gelingt, ist das in Ordnung. Wenn nicht, dann brauchen der Sohn oder die Tochter vielleicht noch etwas anderes, vielleicht sogar eine schwere Erfahrung.

Der Geist der Weisheit, den Eltern in einer inneren Arbeit einnehmen können, sagt ihnen, was sie tun können: geduldig sein, Vertrauen haben und davon ausgehen, dass Menschen manchmal Schlimmes erleben müssen, um sich weiterzuentwickeln. Um selbst stärker zu werden, kann es für Eltern auch hilfreich sein, an ihren eigenen Themen zu arbeiten und sich alte Familiengeschichten oder den eigenen Entwicklungsweg anzuschauen. Manchmal machen Kinder Prozesse durch, die die Eltern vermieden haben, oder sie drücken etwas aus, was nicht nur mit ihnen zu tun hat. Sie sind eingebunden in familiäre, aber auch gesellschaftliche Entwicklungen, die wir nicht immer sofort verstehen. Sie spielen eine wichtige Rolle im Feld, auch dann, wenn sie uns nicht gefällt und ihr Sinn noch nicht verstanden wird. Wenn Eltern die Eingebundenheit ihrer Kinder begreifen, können sie deren Entscheidungen besser nachvollziehen.

Tiefe Demokratie: die transformierende Kraft in Konflikten

Im Prinzip der Tiefen Demokratie finden die wichtigsten Erkenntnisse aus der prozessorientierten Konfliktarbeit einen würdigen Rahmen und einen Boden für ihre Zusammenfassung. Alle Rollen, alle Empfindungen, alle Mitglieder einer Gruppe werden gebraucht, damit sich die Familie, die Gruppe oder die Organisation weiterentwickeln kann. Auch und gerade die Schattenseiten und -meinungen wollen angesehen werden, sonst werden Menschen, die sich mit den abgewehrten Rollenanteilen durch die Welt bewegen, destruktiv und zerstörerisch. Hinter jedem Schattenspender verbirgt sich ein Licht, hinter jedem Konflikt versteckt sich ein Traum, hinter jeder schlechten Meinung drückt sich ihr potentielles Gegenteil aus. Das schätze ich an der prozessorientierten Konfliktarbeit, dass sie gerade die störenden und ungewollten Teile als wertvolle Bestandteile in die Veränderungsarbeit einzelner wie großer Gruppen mit einbezieht.

Tiefe Demokratie sagt Ja zu allen Rollen, Ansichten und Empfindungen, damit ihr tieferer Sinn verstanden werden kann.

Bei meinen Vorträgen als Streitschlichterin unterwegs in Deutschland wurde ich oft gefragt, wie ich es denn mit den Neonazis halte oder mit Jugendlichen, die nicht arbeiten wollen, oder mit Menschen, die Gewalt ausüben. Wieso sollten die gebraucht werden? Bestimmt nicht, damit wir alle uns verändern oder uns besser kennenlernen, oder? Diese Frage ist tatsächlich nicht leicht zu beantworten. Es gibt eine Ebene der vernünftigen politischen und moralischen Einschätzung, die ich sicher in vielem teile: Es gibt Verhaltensweisen und Vergehen, die verboten und verurteilt werden müssen. Eine gute Pädagogin und ein guter Sozialarbeiter – davon gibt es in Deutschland viele – aber können beides: Sie können Verhaltensweisen verabscheuen und gleichzeitig den Menschen mögen, der sich auf zerstörerische Weise durch die Welt bewegt, und versuchen ihn zu verstehen.

Es gibt eine gesellschaftliche Realität, für die wir alle mitverantwortlich sind, in der Menschen mit zu wenig Bindung, Liebe und Wertschätzung oder auch geringer gesellschaftlicher Perspektive aufwachsen, sodass ihre Aggressions- und Gewaltbereitschaft enorm erhöht ist. Unser Körper beantwortet dauerhaften emotionalen Schmerz wie körperliche Schmerzen und reagiert mit einer erhöhten Aggressionsbereitschaft. Diese ist nicht angeboren, sondern im Verlaufe der Entwicklungsjahre entstanden.

Nach Ansicht des Neurobiologen Joachim Bauer »steht Aggression immer im Dienste des Strebens nach Anerkennung, Beziehung, Kooperation und sozialer Zugehörigkeit. Von anderen akzeptiert zu sein, (...) stellt nicht nur ein psychisches, sondern ein biologisches Grundbedürfnis dar.« In seinem Buch *Prinzip Menschlichkeit* widerlegt er Darwins Konzept vom Kampf als einem Grundprinzip in der Natur und setzt sein Konzept eines biologischen Bedürfnisses nach Kooperation dagegen.

Wenn wir mit aggressiven und gewaltbereiten Menschen arbeiten und wollen, dass sie sich verändern, müssen wir eine Bereitschaft haben, diese Menschen zu mögen und das Verhalten und die unmögliche Meinung, die sie vertreten, als Rolle zu sehen, die sie in einem Feld, in einer bestimmten Kultur repräsentieren. Egal welches Glaubenssystem oder welche politische Gruppe diese Menschen gerade favorisieren, sollten wir fragen: Was will diese Rolle erreichen, auf was will sie aufmerksam machen?

Vielleicht träumen gewaltbereite junge Leute davon, dass ihre Kraft und Stärke gesehen und wertgeschätzt werden, und sind auf der Suche nach Bündnispartnern. Vielleicht spiegeln sie versteckte Werte und Haltungen, die nicht nur zu ihnen gehören. So könnten sie Gedanken ausdrücken, wie sie viele in unserer Gesellschaft auch haben, z.B.: Menschen, die anders denken oder eine andere Religionszugehörigkeit haben oder sich anders benehmen, seien schlecht oder sollten weniger Rechte in unserer Gesellschaft oder in unseren Gruppen haben, um sich zu verwirklichen.

Wenn hinter jedem Konflikt ein Traum steckt, dann auch in den Kämpfen, in denen wir nichts, aber auch gar nichts von unseren eigentlichen Wünschen entdecken können. Die unliebsamen Kämpfe in unserer Gesellschaft sind nur äußerer Ausdruck eines größeren Traums. Auf einer tieferen Ebene träumen wir und unsere Gemeinschaften von Sicherheit, Anerkennung, Verbindung und Liebe. Jeder Konflikt ist ein Gemeinschaftsprozess, in dem Menschen sich selbst und andere besser kennenlernen. Wir kommen nicht umhin uns anzuschauen, was dem noch im Weg steht, beispielsweise unsere eigene Intoleranz und unsere verdeckten Mechanismen, Menschen auszugrenzen und abzuwerten, wenn sie nicht so sind und auch nicht so sein können wie die positiven Rollenträger in unseren Gruppen oder unserer Kultur. Diese Menschen werden an vielen Stellen in der Welt Konflikte anzetteln und mit anderen streiten, bis ihre Einzigartigkeit und Verschiedenheit wertgeschätzt werden. Dabei ist es egal, ob wir von einer kleinen Gruppe, einer Organisation oder von der Weltgemeinschaft ausgehen, in der alle um einen gewürdigten Platz kämpfen.

Wenn es Anerkennung und Verständnis ist, was Menschen eigentlich wollen, dann macht es Sinn, dass Veränderungsarbeit mit einem Prinzip der Wertschätzung für mich selbst und für andere verbunden werden muss. Diese Rolle wird gebraucht. Denn Menschen kooperieren nicht, wenn wir sie nicht mögen, weil sie keine Motivation für Veränderung oder Zusammenarbeit aufbringen, wenn wir sie dauerhaft ablehnen. Wie auch wir selbst uns nicht ändern wollen, wenn andere oder wir selbst kein Herz für unsere Empfindungen und unser Sosein aufbringen.

Menschen brauchen Anerkennung und Wertschätzung, um sich zu ändern.

Ich habe kurz vor dem Tod meines Vaters im vergangenen Jahr noch mit ihm über seine vierzigjährige ehrenamtliche Tätigkeit als Schiedsmann im Kreis Cochem-Zell sprechen können. Er war sehr erfolgreich als Streitschlichter gewesen. Was ihm bei der Lösung von Konflikten half, war seine große Fähigkeit, sich auf beide Seiten zu stellen und die Menschen selbst dann noch zu mögen, wenn sie sich unmöglich benahmen.

Außerdem hatte er keine Angst vor lauten Gefühlen. Wenn Menschen spüren, da steht ein anderer hinter mir und versucht mich zu verstehen, dann können sie Extrempositionen schneller aufgeben und friedlicher werden. Schon am Anfang eines jeden Treffens stellte er eine Flasche von seinem besten Wein parat, damit am Ende der Mühen alle miteinander anstoßen konnten. An vielen Stellen in diesem Land tun Menschen nichts anderes als mein Vater. Streitschlichter, Pädagogen, Therapeuten, Kollegen, Chefs und Familienmitglieder – sie stellen sich hinter die Menschen, mit denen sie zu tun haben. Jenseits aller möglichen Urteile mögen sie sie und ringen mit ihnen gemeinsam darum, dass sie verstanden werden.

Tiefe Demokratie im ganz normalen Leben

Der Geist der Tiefen Demokratie, der sich in vielen Gruppenprozessen und in der Einzelarbeit bewährt hat und als grundlegendes Arbeitsprinzip die Prozessarbeit inspiriert und oft überhaupt erst möglich macht, meint viel mehr als politische, spirituelle oder soziale Korrektheit: Alle Meinungen, Gefühle, persönlichen Entwicklungsprozesse und gesellschaftlichen Tendenzen haben eine Berechtigung und mehr noch, sie werden als Ausdruck des Feldes, der Gruppe, des Teams, der Gesellschaft oder der Welt, die wir betrachten oder verändern wollen, gebraucht. Statt uns also beispielsweise gegen Wut zu wehren oder sie nicht mehr empfinden zu wollen, gewinnen wir Verständnis für diese Wut und finden heraus, was der Kern dieses lauten Empfindens ist, damit es sich verwandeln kann. So kann Tiefe Demokratie akzeptieren, dass es die Verurteilung und den Schutz vor Tätern braucht, aber auch ein Verständnis für ihr Verhalten entwickeln, das ein Ausdruck ist für ihre Sehnsucht nach Anerkennung und Liebe, wie neurobiologische Forschungsergebnisse nahelegen.

Mitten im Feuer eines Konflikts ist es schwer, Tiefe Demokratie zu üben. Es kann aber insbesondere für Führungskräfte, Moderatoren und Berater hilfreich sein, dieses Prinzip mitzudenken, weil es gute Interventionen und Entscheidungen auf allen Ebenen erleichtert und Verständnis dafür hat, wie unterschied-

> Tiefe Demokratie meint viel mehr als politische, soziale oder religiöse Korrektheit.

lich Menschen ticken und gleichzeitig mit ihren Ticks verbunden sind. Wir kommen mit Disziplin alleine selten weiter und verhindern auf Dauer keinen kleinen und auch keinen großen Krieg durch Ausschluss, Verurteilung und Verbote. Tiefe Demokratie ist ein Prinzip, das mit dem natürlichen Fluss verbunden bleibt, sie akzeptiert den Fluss der Ereignisse mit all seinen Erscheinungsformen als bedeutsam und sucht nach Wegen, diesen Prozess zu unterstützen und die Träume Einzelner und ihrer Gruppen auf verträgliche Weise zu entfalten.

Fallbeispiel Ich habe kürzlich mit einer Mitarbeiterin in der Kinder- und Jugendhilfe gearbeitet, weil etwas ganz Schlimmes in ihrer Arbeit passiert war. Sie – ich nenne sie Susanne A. – war für die Schulbegleitung eines sehr aggressiven Jungen, dem ich den Namen Ralf gebe, zuständig gewesen und hatte seinen Kopf in einer körperlichen Auseinandersetzung an die Wand geknallt. Der Junge hatte sich bei seiner Mutter beklagt, diese beschwerte sich beim zuständigen Jugendamt. Die Organisation, für die Susanne A. arbeitete, erwartete jetzt von ihr einen Bericht, wie dies hatte geschehen können. Susanne hatte massive Probleme, diesen Bericht zu schreiben. Niemand verstand warum.

Susanne A. war zu Beginn der Beratung verzweifelt und weinte voller Reue. Als wir auf den Bericht zu sprechen kamen, sagte sie, dass sie ihn nicht schreiben könne, weil sie den Hergang nicht mehr genau erinnere. Ihre Stimme wurde hart, wenn es um den Bericht ging. Das war interessant und passte nicht zur vorherigen Reue und den Tränen. Bei früheren Beratungen im beruflichen Zusammenhang hatte ich die Erfahrung gemacht, dass es immer einen triftigen Grund gibt, wenn Menschen etwas nicht tun oder tun können, obwohl sie durchaus dazu in der Lage sein müssten. Dahinter verbirgt sich ein ernstzunehmendes Doppelsignal, das eine noch verdeckte Botschaft hat. Meine Hypothese war: Ein Teil in ihr will den Bericht nicht schreiben, weil die reuevolle Version, die einem Schuldgeständnis gleichkommt nach dem Motto »O je, ich habe körperliche Gewalt gegen ein Kind geübt und verurteile das selbst zutiefst«, nicht ganz stimmte. Ich selbst spürte das Bedürfnis, mich auf die Seite der Susanne zu stellen, die sich vielleicht gar nicht anders hatte verhalten können. Tatsächlich entdeckten wir diese Seite, die sich hatte schützen wollen und das im Umgang mit der Aggressivität des Jungen nur handgreiflich hatte tun können. Meine Parteiergreifung hatte zur Folge, dass sich Susanne nun besser erinnerte, auch wenn sie sich nicht sofort zu mir auf meine fürsprechende Seite stellen konnte. Es wurde deutlich, wie sehr sie in der besagten Situation versucht hatte, den Jungen zu halten, und gleichzeitig seine Versuche, sie an den Haaren zu zerren und sie in die Hand zu beißen, abgewehrt hatte. In einem Moment hatte sie nach dem Kiefer des Jungen gegriffen und seinen Kopf von ihrem Körper weggedrückt und das sehr wahrscheinlich mit so viel Kraft und gespeist von ihrer eigenen Wut, dass der Kopf an die nahe Wand knallte.

Wie konnte so etwas passieren? Ich bleibe noch auf der Seite, die keine Schuld vergeben, sondern etwas Wichtiges verstehen will. Meine Hypothese, die ich mitteilte, war: Susanne, die ihre ersten pädagogischen Erfahrungen mit Schwersterziehbaren macht, hat noch keine ausreichende Kontrolle über ihren Körper, wenn sie sich selbst verteidigt oder in einem Handgemenge ist. Sie kann ihre Kraft und auch ihre aggressiven Impulse, wenn ein anderer ihr Schmerz zufügt und sei dies nur ein kleiner Junge, nicht einschätzen und erlebt sehr wahrscheinlich den Jungen stärker, als er wirklich ist. Sie muss lernen, sich in Selbstverteidigungssituationen besser zu kontrollieren und letztendlich zu schützen. Und ganz generell muss sie Erfahrungen und wahrscheinlich auch Fehler machen, um zu lernen, ihre Kraft und ihre Wut in solchen Situationen besser einzuschätzen.

Mit welchen Kindern kann sie arbeiten, mit welchen besser nicht? Und wann holt sie Hilfe und sagt Nein?

Am Ende der Sitzung war Susanne A. erschöpft, aber sie traute sich jetzt zu, sowohl einen ausführlichen Bericht zu schreiben als auch ein klärendes und um Unterstützung bittendes Gespräch mit der pädagogischen Leitung ihrer Einrichtung zu führen.

Auch das ist Tiefe Demokratie, die verschiedenen Seiten zu sehen und sich mit der eigenen Aggressivität auseinanderzusetzen, ohne zu schnell und schlussendlich zu bewerten oder Menschen und ihr Tun abzuwerten. So kann Susanne A. diese schlimme Erfahrung als einen Entwicklungsschritt sehen. Vielleicht war der Junge ein Verbündeter, der sie dahin brachte, einen anderen und verstehenden Blick auf sich selbst und aggressive Kinder und Jugendliche zu entwickeln. Sie brauchte dieses Erlebnis, um eine alte Grenze zu überschreiten und den nächsten Schritt als Pädagogin zu gehen.

Tiefe Demokratie ist praktizierte Selbstliebe: Sie erlaubt uns zu fühlen, was wir fühlen, und zu sein, wie wir sind.

Auch im Privatleben kann eine Haltung der Tiefen Demokratie uns bereichern. Hier ein Beispiel dazu:

Fallbeispiel

In diesen Tagen arbeite ich mit einem jungen Mann, der schon einmal mit seiner Ehefrau bei mir war. Ich nenne ihn hier Jürgen T. Er ist vor wenigen Monaten Vater geworden, hat eine neue Arbeit angefangen und mit seiner Familie einen Ortswechsel vorgenommen. Zum einen möchte er mit seiner Mutter, die hohe Erwartungen an die junge Familie stellt, besser auskommen, zum anderen will er loyal mit seiner Frau sein und diese unterstützen. Seine Frau fühlt sich in der neuen Stadt noch nicht heimisch und will, dass er sich mehr um sie kümmert. In der Unzufriedenheit gibt es viele Vorwürfe: »Wenn du nur das und das so oder anders machen würdest, wenn du nicht so wärst wie deine Mutter, dann wäre das Glück schon ein bisschen näher.« Auch er denkt ähnlich über seine Frau und hat Ideen, was sie doch endlich tun sollte, um schneller heimisch und hoffentlich glücklich zu werden. Mich überkommt im Verlaufe des Prozesses ein großes Mitgefühl, auch ich werde traurig als Resonanz auf seine Traurigkeit. Vielleicht ist es das, was diese Familie tatsächlich braucht: sich hinsetzen und traurig sein, dass noch nicht alles optimal läuft und es in unserer Gesellschaft nicht leicht ist, eine glückliche Kleinfamilie zu sein, und dass sich alle oft einsam und alleine gelassen fühlen. Ich frage ihn, wie es wäre, wenn er und seine Frau diese Traurigkeit und die Einsamkeit einfach annehmen, wenn sie kommt, anstatt sie möglichst schnell zu vertreiben mit gegenseitigen Forderungen von »Du hättest, du solltest, könntest du nicht endlich mal!«. Es geht so viel Energie dabei verloren, wenn sie einander bekämpfen und sich dabei doch vor allem Trost wünschen und so zu sein, wie sie nun eben mal gerade sind.

Tiefe Demokratie kann einen Weg zeigen, beide Tendenzen zu akzeptieren, die Traurigkeit über die Unvollkommenheit und das Bedürfnis, sie wieder loszuwerden. Dann könnte das Paar schneller aufhören, sich gegenseitig fertig zu machen und die Traurigkeit, die ja nun mal da ist, käme mehr zu ihrem Recht und könnte sich schneller wieder verabschieden. Während wir darüber sprechen und uns diese Perspektive anschauen, verändert sich die Haltung von Jürgen. Er ist erleichtert bei der Vorstellung, diese furchtbare Anstrengung, glücklicher zu sein, als es gerade jetzt möglich ist, könnte einer größeren gegenseitigen Toleranz weichen. Das freut ihn und macht schon ein ganz klein bisschen glücklicher.

Ich erinnere mich an den italienischen Film *Casomai* von Alessandro D'Alatri, der die Geschichte einer Hochzeit erzählt. In der Predigt des Pfarrers wird das Scheitern der gerade geschlossenen Ehe vorweggenommen. Weil Liebe und Alltag so oft nicht zusammenpassen und ein junges Paar selten die Solidarität und Unterstützung bekommt, mit den Schwierigkeiten – den gegenseitigen Überforderungen, der beginnenden Sprachlosigkeit der Partner, dem ersten Betrug, den ersten Lügen, dem allmählichen, vielleicht jedoch nur vermeintlichen Verschwinden von Liebe – fertig zu werden. Der Pfarrer fragt die Hochzeitsgäste, wer da sein und helfen wird, diesen Leidensweg zu verhindern. Da niemand die Verantwortung übernehmen will, schickt er alle Verwandten und Freunde aus der Kirche heraus und traut das Paar alleine, weil das der Wirklichkeit des Paares noch am ehesten entspricht. Draußen beginnt eine Diskussion zwischen den Hochzeitsgästen, sie reden über ihre Einsamkeit, ihre Beziehungen und ihre Hilflosigkeit darin. Eine neue Begegnung entsteht aus der seltsamen Aufforderung des Pfarrers – ein wunderschöner Film. Ich erzähle Jürgen T. die Geschichte, sie berührt ihn und unterstützt die in der Sitzung besprochenen Gedanken und Betrachtungen.

Viele Dinge, die mit uns passieren, Stimmungen, die uns überfallen, haben ja nicht nur mit uns und unserer Unfähigkeit zu tun, das besser in den Griff zu bekommen. Vieles in diesem Leben ist schwer und wird nicht besser oder leichter, wenn wir uns gegenseitig martern. Es gibt Stimmungen, Empfindungen, Ängste, die an vielen Stellen auftauchen, manchmal auch nichtlokale Phänomene, über die wir verbunden sind mit vielen anderen, die gerade jetzt und in dieser Zeit Ähnliches erleben.

> Es gibt Stimmungen und Ängste, die an vielen Stellen auftauchen und uns mit unseren Gemeinschaften verbinden.

*Konfliktarbeit ist Friedensarbeit –
sie fängt bei der eigenen Person an*

Ich möchte gerne noch einmal auf die Selbstliebe zurückkommen, die so schwer zu erlernen ist und doch so wichtig scheint wie ein Schlüssel zum Glück und die auch in Konflikten eine wichtige Rolle spielt. Es gibt so viele Bücher darüber, doch ich mag gar keins mehr in die Hand nehmen. Die Autoren dieser Bücher tun so, als brauche man Menschen nur mit den richtigen Glaubenssätzen zu füttern und schon werde alles gut: »Ich liebe mich selbst, ich lebe im Hier und Jetzt, ich freue mich über jeden Tag, ich begrüße alles, was mir begegnet.« Ja, das wäre wunderbar, wenn das so einfach ginge. Viele Menschen, die von sich denken, dass sie das alles schon beherrschen, haben oft kein Herz für die andere Seite, die in ihnen und in anderen schlummert, und träumen die Menschen in ihrer Nähe auf, aggressiv oder böse zu werden. Dann wird ihnen die eigene Aggression um die Ohren gehauen. Aber auch wenn sie die Selbstliebe und die anderen schönen Sachen schon beherrschen, könnten sie aufhören, die anderen damit zu traktieren. Sie könnten ihren psychologischen Rang – denn das ist es ja, wenn ich das alles schon kann – anerkennen und Mitgefühl dafür entwickeln, dass andere noch nicht so weit sind. Wenn sie so tun, als solle und könne jeder glücklich sein oder sich selbst lieben, wenn nur ..., dann fördert das allenfalls Schuldgefühle, wenn es noch nicht so ist. Ich habe eine bekömmlichere Alternative: Tiefe Demokratie anderen und vor allem mir selbst gegenüber kann eine gute

Haltung sein, weil sie eine praktikable Form der Selbstliebe umfasst.

Greifen wir als Beispiel das Thema Partnerschaft oder Singledasein heraus. Die Götter, auf die wir göttliche und übernormale Eigenschaften projizieren können, haben wir lange abgeschafft und die Großfamilien gibt es auch nur noch in Einzelfällen. Für all das: Sicherheit, Unterstützung, Aufgehobensein – so wünschen sich viele – sollte dann doch der jetzige oder zukünftige Partner da sein. Wenn es bei Ihnen zu Hause nicht so ist, entweder weil der Partner noch nicht so vollkommen ist oder weil Sie im Augenblick keinen an Ihrer Seite haben, dann ist das sicher oft schwer auszuhalten und braucht auch das eigene Mitgefühl.

Viele Männer und Frauen sind heute lange alleine und haben sich in einem Singleleben oft unfreiwillig eingerichtet. Hier könnte Tiefe Demokratie heißen, diese Wirklichkeit, wie sie an vielen Stellen völlig unabhängig von der einzelnen Persönlichkeit, Schönheit oder anderen Attributen vorkommt, und unsere damit verbundenen Gefühle anzunehmen.

Wir sind mit den »Zeit- und Ortsgeistern« unserer Kultur verbunden und spielen Rollen, die nicht allein zu uns gehören.

Wir denken oft, wir müssten uns ändern, bis es sich gut anfühlt, Single zu sein, oder wir endlich nach getaner therapeutischer Arbeit an uns selbst dem Wunschpartner begegnen. Ich empfehle Ihnen der Traurigkeit einen Raum zu geben, den sie sich sowieso holt, statt sie zu verjagen. Setzen Sie sich hin und seien Sie traurig und einsam oder was auch immer. Jeden Tag für eine Weile. Vielleicht spüren Sie, dass es nicht nur das Fehlen des Partners ist, was weh tut, sondern auch das, was Sie selbst und andere über Singles insgeheim denken. Wir leben in einer Kultur, die heterosexuellen Paaren einen höheren Status gibt und Singles als irgendwie gestört ansieht. Es ist verdammt schwer, sich von den verborgenen Leitsätzen unserer Gemeinschaften zu entfernen. Wenn Sie Ja dazu sagen können, dass auch Sie oft so denken, dann können Sie schneller merken, dass Sie eigentlich in Ordnung sind.

Vielleicht steckt hinter dem Phänomen des Singledaseins ein tiefer Wunsch, neue Formen des Zusammenlebens, der Wahlverwandtschaft und Liebe zu entwickeln. Wir könnten die ewige Fehlersuche am eigenen Leib oder in der eigenen Psyche sein lassen, uns selbst akzeptieren und traurig sein, wenn nun mal dies das bestimmende Gefühl ist, und dann auch wieder froh, wenn das Leben uns zum Lachen bringt.

Viele unserer Empfindungen, unsere Sorgen und Nöte wie auch unsere Freude und Erfolge, haben nicht nur mit uns selbst zu tun. Was uns gerade wichtig ist, was wir gar nicht mögen und womit wir uns gerade selbst abwerten und runtermachen, hängt vielmehr davon ab, wo und zu welcher Zeit wir leben, von unserem Rang, den wir genießen, und anderen »Zeit- und Ortsgeistern« (eine schöne und lebendige Begrifflichkeit, wie Arnold Mindell sie aus schamanischen Traditionen übernommen hat). Mit diesen Geistern sind wir verbunden, ob wir wollen oder nicht. Es sind nicht nur unsere Rollen, in denen wir stecken. Genauso wie wir auf das Feld reagieren und Teile des Feldes sind, so reagiert auch das Feld auf uns. Wenn wir mit unseren inneren und äußeren Konflikten einen bewussten Umgang lernen, dann wirkt dies zurück auf das große Ganze. Persönliche Konfliktarbeit ist immer auch Friedensarbeit. Über die Wirks und Passierchen aus der Quantenwelt sind wir verbunden und verbinden wir uns jeden Tag neu. Konfliktarbeit ist Weltarbeit im weitesten Sinne. Und Weltarbeit fängt bei der eigenen Person und Familie, in der Nachbarschaft und auf der Arbeit an.

»Weltarbeit kann also nur mit einer demokratischen Grundhaltung erfolgreich sein«, schreibt Arnold Mindell in *Der Weg durch den Sturm*, »wenige von uns gehen demokratisch mit ihren inneren Gefühlen um, bevor sie durch persönliche Probleme dazu gezwungen werden«.

> *Tiefe Demokratie kann uns aussöhnen mit der Tatsache, dass wir viele Seiten in uns haben, nicht nur die freundliche, gerechte, sondern eben auch die andere Seite, die böse ist, spaltet, sich ungerecht verhalten kann, überhaupt nicht kooperieren will, Kriege anzettelt, schadenfreudig ist und nicht helfen will. Bezirzen wir diese andere, abgelehnte Seite in uns, indem wir sie erst einmal anerkennen, ihr ein Recht zusprechen, auch wenn sie nicht wirklich Recht hat. Wenn wir sie verstehen, lässt sich diese Seite verändern und in eine bekömmlichere Bahn bringen, die unser Leben reicher machen kann.*

Zwischenmenschliche Probleme sind dicke Hinweisschilder für neue Wege und Gemeinschaftsprozesse, für Ausgleich von Extrempositionen und -zuständen. Sie zwingen uns, mit der Vielfalt und Verschiedenheit von Menschen einen guten Umgang zu finden. Konflikte lassen uns häufig keine Wahl, wir können sie nicht ignorieren. Wenn alles Leben nach Kooperation und der Mensch nach Menschlichkeit strebt, dann könnten wir eigentlich jede Krise und jeden Konflikt freudig begrüßen, der uns doch nur erinnern will an unseren tiefsten Wunsch: ein wichtiges Mitglied in unseren Gruppen und Gemeinschaften zu sein, unseren besonderen Beitrag darin zu leisten und gesehen, verstanden und geliebt zu werden, egal woher wir kommen, wer wir sind und an was wir gerade glauben.

> **Konflikte stoßen Gemeinschaftsprozesse an und erinnern an unseren größten Wunsch: gesehen, geliebt und verstanden zu werden.**

In die Praxis umgesetzt:

Weisheit und
Tiefe Demokratie üben

- Denken Sie an eine Auseinandersetzung, an einen Konflikt oder Unstimmigkeit, die andere oder Sie selbst gerade jetzt haben. Schauen Sie wie von außen auf die beteiligten Personen und denken Sie ohne zu werten darüber nach, was diese gerade tun.

- Seien Sie weise oder tun Sie für eine Weile so, auch wenn Sie meinen, dass Sie es noch nicht sind. Was könnte gut und richtig daran sein, dass genau diese Menschen in diesem Konflikt zusammenkommen? Was verbindet sie und was können sie lernen? Wenn Sie nicht mehr genau wissen, was es heißt, weise zu sein, lesen Sie die entsprechenden Abschnitte in diesem Kapitel noch einmal und setzen Sie die kleine Meditation dann fort. Lassen Sie sich Zeit und schreiben Sie Ihre Gedanken auf.

- Eine Haltung der Tiefen Demokratie nimmt alle Gefühle, Ansichten und Menschen ernst und glaubt, dass sie sich ausdrücken sollten, damit wir sie verstehen und unterstützen können, sich zu verändern. Gehen Sie in die Rolle eines Menschen, der sich um eine tief demokratische Haltung bemüht, auch wenn das nicht leicht ist.

- Was denken Sie jetzt über die beteiligten Menschen oder über sich selbst? Was könnten Sie den Menschen sagen oder raten, was ihnen einen Ausweg erlaubt oder sie unterstützt, ihren verborgenen Traum oder den gemeinsamen Entwicklungswunsch zu erkennen?

Literaturhinweise

Bauer, Joachim: *Das Gedächtnis des Körpers*. München: Piper Verlag 2004

Bauer, Joachim: *Warum ich fühle, was du fühlst*. München: Wilhelm Heyne Verlag 2006

Bauer, Joachim: *Prinzip Menschlichkeit*. Hamburg: Hoffmann und Campe Verlag 2006

Boszormenyi-Nagy, Ivan und Spark, Geraldine M.: *Unsichtbare Bindungen*. Stuttgart: Klett-Kotta 1995

Capra, Fritjof: *Wendezeit. Bausteine für ein neues Weltbild*. Bern, München, Wien: Scherz Verlag 1983

Capra Fritjof: *Das Tao der Physik*. Frankfurt a. M.: O. W. Barth Verlag 2005

Castaneda, Carlos: *Die Lehren des Don Juan. Ein Yaqui Weg des Wissens*. Frankfurt a. M.: Fischer 1994

Castaneda, Carlos: *Die Kunst des Träumens*. Frankfurt a. M.: Fischer 2004

Coelho, Paulo: *Der Alchimist*. Zürich: Diogenes 1996

JDürr, Hans-Peter im Gespräch mit Holger Fuß: »Am Anfang war der Quantengeist«. *P.M.-Magazin*, Mai 2007

Föllmi, Danielle und Oliver: *Die Weisheit Afrikas Tag für Tag*. München: Knesebeck Verlag 2005

Gaschler, Frank und Gundi: *Ich will verstehen, was du wirklich brauchst. Gewaltfreie Kommunikation mit Kindern*. München: Kösel 2007

Johnstone, Keith: *Improvisation und Theater*. Berlin: Alexander Verlag 1997

Jung, Carl G.: *Die Archetypen und das kollektive Unbewusste*, Gesammelte Werke, Bd. 9/1. Freiburg i. Br.: Walter Verlag 2002

Kafka, Ernst: *Der Prozeß*. Frankfurt a. M.: Fischer Verlag 1990

Kast, Verena: *Der Schatten in uns. Die subversive Lebenskraft*. Zürich, Düsseldorf: Walter Verlag 1999

Kast, Verena: *Neid und Eifersucht. Die Herausforderung durch unangenehme Gefühle*. Zürich, Düsseldorf: Walter Verlag 1996

Mettler-v.Meibom, Barbara: *Gelebte Wertschätzung. Eine Haltung wird lebendig*. München: Kösel 2007

Mindell; Amy: *Die Weisheit der Gefühle*. Petersberg: Verlag Via Nova 1998

Mindell, Arnold und Amy: *Das Pferd rückwärts reiten*. Petersberg: Verlag Via Nova 1997

Mindell, Arnold: *Der Weg durch den Sturm*. Petersberg: Verlag Via Nova, 1998

Mindell, Arnold: *Der Leib und die Träume*. Paderborn: Junfermann Verlag 1987

Mindell, Arnold: *Mitten im Feuer*. Basel: Hugendubel 1994

Mindell, Arnold: *Den Pfad des Herzens gehen*. Petersberg: Verlag Via Nova 1996

Mindell, Arnold: *Traumkörperarbeit oder: Der Lauf des Flusses*. Paderborn: Junfermann Verlag 1993

Mindell, Arnold: *Traumkörper in Beziehungen*. Basel: Hugendubel 1994

Mindell, Arnold: *Das Jahr Eins. Ansätze zur Heilung unseres Planeten*. Otten: Walter Verlag 1991

Mindell, Arnold: *Quantum Mind and Healing*. Charlottesville/USA: HRP Company 2004

Mindell, Arnold: *The Deep Democracy of Open Forums*. Charlottesville/USA: HRP Company 2002

Rainer Maria Rilke: *Briefe an einen jungen Dichter*. Frankfurt a. M.: Suhrkamp Verlag 1989

Rosenberg, Marshall B.: *Gewaltfreie Kommunikation*. Paderborn: Junfermann Verlag 2001

Sheldrake, Rupert: *Der siebte Sinn des Menschen*. Bern: Scherz Verlag 2003

Sternberg, Robert J., Jordan, J.: *A Handbook of Wisdom*. Cambridge: Cambridge University Press 2005

Voelchert, Mathias: *Trennung in Liebe ... damit Freundschaft bleibt*. München: Kösel 2006

Williamson, Marianne: *Rückkehr zur Liebe*. München: Goldmann Verlag 1995

Adressen und weiterführende Informationen

Prozessorientierte Konfliktarbeit und Systemische Beratung mit der Autorin
Seminare, Offene Foren und Coaching

Dipl. Psych. Birgit Theresa Koch
Bergstraße 29
D-24340 Eckernförde
Telefon 0 43 51 / 87 93 36
Fax 0 43 51 / 87 93 38
info@diestreitschlichterin.de
www.diestreitschlichterin.de

Prozess- und Weltarbeit mit Arnold und Amy Mindell
www.aamindell.net

Weltarbeit mit Max und Ellen Schupbach in Deutschland und anderswo
www.maxfxx.net
www.deepdemocracyinstitute.org

Intensivseminare in Portland, Oregon/USA
www.processwork.org

Prozessarbeit nach Arnold Mindell in Zürich, Schweiz
Weiterbildung und Zertifikate
www.prozessarbeit.ch

Psychologie und Lebenshilfe

Wie sich Herzenswünsche erfüllen

Birgit Theresa Koch
FREI WERDEN FÜR EINE
GLÜCKLICHE PARTNERSCHAFT
Durch Familienaufstellungen den
Seelenpartner finden
192 Seiten, kartoniert
ISBN 978-3-466-30667-1

Wenn sich unsere Wünsche nach Liebe und dem großen Glück nicht erfüllen wollen, wirken häufig unsichtbare Bindungen und Verstrickungen aus der Familiengeschichte in das jetzige Leben hinein – oder eine nicht ausreichend vollzogene Trennung von einem früheren Partner bindet Liebesenergie. Mit Familienaufstellungen können solche Verstrickungen sichtbar gemacht und gelöst werden. Die Psychotherapeutin Birgit Theresa Koch eröffnet neue Wege, um frei zu werden für eine glückliche Partnerschaft.

SACHBÜCHER UND
RATGEBER
kompetent & lebendig.

www.koesel.de
Kösel-Verlag München, info@koesel.de

Psychologie & Lebenshilfe

Leichter leben

Sabine Asgodom
LEBE WILD UND UNERSÄTTLICH!
10 Freiheiten für Frauen,
die mehr vom Leben wollen
192 Seiten. Klappenbroschur
ISBN 978-3-446-30735-7

Barbara Berckhan
SANFTE SELBSTBEHAUPTUNG
Die 5 besten Strategien,
sich souverän durchzusetzen
220 Seiten. Geb. mit SU
ISBN 978-3-446-30707-4

Ute Lauterbach
LÄSSIG SCHEITERN
Das Erfolgsprogramm für
Lebenskünstler
104 Seiten. Flexcover
ISBN 978-3-466-30759-3

David Gilmore
DER CLOWN IN UNS
Humor und die Kraft des
Lachens
176 Seiten. Kartoniert
ISBN 978-3-466-30757-9

SACHBÜCHER UND RATGEBER **www.koesel.de**
kompetent & lebendig.   Kösel-Verlag München, info@koesel.de